머리말

우리나라 기업들은 1960년대 이후 현재까지 비약적인 발전을 이루었다. 이렇게 급속한 성장을 이룰 수 있었던 배경에는 우리나라 국민들의 근면성 및 도전정신이 있었다. 그러나 빠르게 변화하는 세계 경제의 환경에 적응하기 위해서는 근면성과 도전정신 이외에 또 다른 성장 요인이 필요하다.

최근 많은 공사·공단은 직무 관련성에 대한 고려 없이 인·적성, 지식 중심으로 치러지던 기존의 필기전형에서 탈피하여, 직업기초능력과 직무수행능력을 측정하기 위한 직업기초능력평가, 직무수행능력평가 등을 도입하고 있다.

본서는 국립공원공단의 채용에 대비하기 위한 모의고사 형태의 문제집으로, 다음과 같이 구성하여 수험생들이 단기간에 최상의 학습 효율을 얻을 수 있도록 하였다.

- 공단의 출제 스타일을 반영한 5회분 모의고사
- 수록과목 : 의사소통능력, 문제해결능력, 자원관리능력, 조직이해능력
- 정·오답에 대한 상세하고 확실한 해설

합격을 향해 고군분투하는 당신에게 힘이 되는 교재가 되기를 바라며,
달려가는 그 길을 서원각이 진심으로 응원합니다.

4. ①

철도 차량 소재의 변천 과정을 (...)
언급하는 (다) 단락이 가장 처음에 (...)
로 대체 사용되기도 하였으며, 이 (...)
드형 소재의 출현으로 부위별 다(...)
라서 이러한 소재의 변천 과정을 (...)

제 01 회 **40문항/60분** 실력평가 모의고사

1 다음 글의 중심 내용으로 가장 적절한 것을 고르시오.

1 다음 글의 중심 내용으로 가장 적절한 (...)

한 번에 두 가지 이상의 일을 할 때 (...)
분야에서 좋은 성과를 내는 데 필수적인 (...)
열되는 상황에 처하도록 하는 경우도 많습(...)
들을 안고 펑펑거리도록, 강박이나 충동에 (...)
동시에 먹을 때 마음의 일부는 읽는 데 (...)
서도 최상의 것을 얻지 못합니다. 다음(...)
앉아 있을 때는 앉아 있어라. 갈팡질팡(...)
가치가 있는 것이어야 합니다. 단지 (...)
명심하세요.

8 PART. 01 실력평가 모의고사

제 01 회 **정답 및 해설**

1	③	2	④	3	④	4	①	5	③	6	①		
11	④	12	③	13	①	14	①	15	④	16	④	17	
21	①	22	③	23	③	24	④	25	③	26	②	27	②	28	③
31	④	32	②	33	①	34	①	35	③	36	④	37	②	38	②	39	③	40	③

1. ③

하나는 문두에서 한 번에 두 가지 이상의 일을 하는 것은 마음에게 흩어지라고 지시하는 것이라고 언급한다. 또
한 글의 중후반부에서 당신이 하는 모든 일은 당신의 온전한 주의를 받을 가치가 있는 것이어야 한다고 강조된
다. 따라서 이 글의 중심 내용은 ③이 적절하다.

2. ④

몇 개 국가의 남녀평등 문화와 근로정책에 대하여 간략하게 기술하고 있으며, 노르웨이와 일본의 경우에는 법률
을 구체적으로 언급하고 있지 않다. 또한 단순한 근로정책 소개가 아닌, 남녀평등에 관한 내용을 일관되게 소개
하고 있으므로 전체를 포함하는 논지는 남녀평등과 그에 따른 근로정책에 관한 것이라고 볼 수 있다.

3. ④

(가) 자연 과학의 경험적 방법에는 세 가지 차원이 있다고 전제하고, (나) 가장 초보적인 차원(일상경험)→(다) 이보
다 발달된 차원(관찰)→(마) 가장 발달된 차원(실험)으로 설명이 전개되고 있다.

144 PART. 02 정답 및 해설

실력평가 모의고사

실제 시험과 동일한 유형의 모의고사를
5회분 수록하여 충분한 문제풀이를 통한
효과적인 학습이 가능하도록 하였습니다.

정답 및 해설

정·오답에 대한 명쾌한 해설을 깔끔하
게 담아 효율적이고 확실한 학습이 가능
하도록 하였습니다.

국립공원공단

공단

직업기초능력평가

실력평가
모의고사
5회

국립공원공단
직업기초능력평가
[실력평가 모의고사 5회]

초판 발행	2022년 7월 12일
개정판 발행	2023년 5월 24일

편 저 자	취업적성연구소
발 행 처	㈜서원각
등록번호	1999-1A-107호
주 소	경기도 고양시 일산서구 덕산로 88-45(가좌동)
교재주문	031-923-2051
팩 스	031-923-3815
교재문의	카카오톡 플러스 친구[서원각]
홈페이지	www.goseowon.com

우리나라 기업들은 1960년대 이후 현재까지 비약적인 발전을 이루었다. 이렇게 급속한 성장을 이룰 수 있었던 배경에는 우리나라 국민들의 근면성 및 도전정신이 있었다. 그러나 빠르게 변화하는 세계 경제의 환경에 적응하기 위해서는 근면성과 도전정신 이외에 또 다른 성장 요인이 필요하다.

최근 많은 공사·공단은 직무 관련성에 대한 고려 없이 인·적성, 지식 중심으로 치러지던 기존의 필기전형에서 탈피하여, 직업기초능력과 직무수행능력을 측정하기 위한 직업기초능력평가, 직무수행능력평가 등을 도입하고 있다.

본서는 국립공원공단의 채용에 대비하기 위한 모의고사 형태의 문제집으로, 다음과 같이 구성하여 수험생들이 단기간에 최상의 학습 효율을 얻을 수 있도록 하였다.

- 공단의 출제 스타일을 반영한 5회분 모의고사
- 수록과목 : 의사소통능력, 문제해결능력, 자원관리능력, 조직이해능력
- 정·오답에 대한 상세하고 확실한 해설

합격을 향해 고군분투하는 당신에게 힘이 되는 교재가 되기를 바라며,
달려가는 그 길을 서원각이 진심으로 응원합니다.

특징 및 구성

1 다음 글의 중심 내용으로 가장 적절한 것을 고르시오.

1 다음 글의 중심 내용으로 가장 적절한

한 번에 두 가지 이상의 일을 할 때
분야에서 좋은 성과를 내는 데 필수적인 요
열리는 상황에 처하도록 하는 경우도 많습니
들을 안고 펑펑거리도록, 강박이나 충동에
동시에 먹을 때 마음의 일부는 읽는 데 가
서도 최상의 것을 얻지 못합니다. 다음과
앉아 있을 때는 앉아 있어라. 갈팡질팡
가치가 있는 것이어야 합니다. 단지 부
할 가치가 있는지 자문하세요. 어떠
명심하세요.

4. ①

철도 차량 소재의 변천 과정을
언급하는 (다) 단락이 가장 처음에
로 대체 사용되기도 하였으며, 이
드형 소재의 출현으로 부위별 다이
라서 이러한 소재의 변천 과정을

1	③	2	④	3	④	4	①	5	③	6	①
11	④	12	③	13	①	14	①	15	④	16	④
21	①	22	③	23	④	24	④	25	③	26	②	27	③	28	③
31	④	32	②	33	①	34	①	35	③	36	④	37	②	38	②	39	③	40	③

1. ③

화자는 문두에서 한 번에 두 가지 이상의 일을 하는 것은 마음에 흩어지라고 지시하는 것이라고 언급한다. 또한 글의 중후반부에서 당신이 하는 모든 일은 당신의 온전한 주의를 받을 가치가 있는 것이어야 한다고 강조한다. 따라서 이 글의 중심 내용은 ③이 적절하다.

2. ④

몇 개 국가의 남녀평등 문화와 근로정책에 대하여 간략하게 기술하고 있으며, 노르웨이와 일본의 경우에는 법률을 구체적으로 언급하고 있지 않다. 또한 단순한 근로정책 소개가 아닌, 남녀평등에 관한 내용을 일관되게 소개하고 있으므로 전체를 포함하는 논지는 남녀평등과 그에 따른 근로정책에 관한 것이라고 볼 수 있다.

3. ④

(바) 자연 과학의 경험의 방법에는 세 가지 차원이 있다고 전제하고, (마) 가장 초보적인 차원(일상경험) →(나) 이보다 발달된 차원(관찰) →(다) 가장 발달된 차원(실험)으로 설명이 전개되고 있다.

실력평가 모의고사

실제 시험과 동일한 유형의 모의고사를
5회분 수록하여 충분한 문제풀이를 통한
효과적인 학습이 가능하도록 하였습니다.

정답 및 해설

정·오답에 대한 명쾌한 해설을 깔끔하
게 담아 효율적이고 확실한 학습이 가능
하도록 하였습니다.

1 실력평가 모의고사

2 정답 및 해설

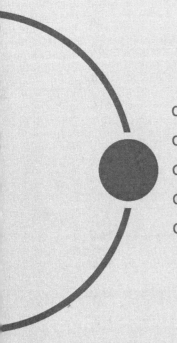

실력평가
모의고사

40문항/60분 실력평가 모의고사

1 다음 글의 중심 내용으로 가장 적절한 것을 고르시오.

> 한 번에 두 가지 이상의 일을 할 때 당신은 마음에게 흩어지라고 지시하는 것입니다. 그것은 모든 분야에서 좋은 성과를 내는 데 필수적인 요소가 되는 집중과는 정반대입니다. 당신은 자신의 마음이 분열되는 상황에 처하도록 하는 경우도 많습니다. 마음이 흔들리도록, 과거나 미래에 사로잡히도록, 문제들을 안고 낑낑거리도록, 강박이나 충동에 따라 행동하는 때가 그런 경우입니다. 예를 들어, 읽으면서 동시에 먹을 때 마음의 일부는 읽는 데 가 있고, 일부는 먹는 데 가 있습니다. 이런 때는 어느 활동에서도 최상의 것을 얻지 못합니다. 다음과 같은 부처의 가르침을 명심하세요. '걷고 있을 때는 걸어라. 앉아 있을 때는 앉아 있어라. 갈팡질팡하지 마라.' 당신이 하는 모든 일은 당신의 온전한 주의를 받을 가치가 있는 것이어야 합니다. 단지 부분적인 주의를 받을 가치밖에 없다고 생각하면, 그것이 진정으로 할 가치가 있는지 자문하세요. 어떤 활동이 사소해 보이더라도, 당신은 마음을 훈련하고 있다는 사실을 명심하세요.

① 일을 시작하기 전에 먼저 사소한 일과 중요한 일을 구분하는 습관을 기르라.
② 한 번에 두 가지 이상의 일을 성공적으로 수행할 수 있도록 훈련하라.
③ 자신이 하는 일에 전적으로 주의를 집중하라.
④ 과거나 미래가 주는 교훈에 귀를 기울이라.

풀이종료시간 : [　　] − [　　]

풀이소요시간 : [　　]분 [　　]초

2　다음 글의 제목으로 가장 적절한 것을 고르시오.

　　프랑스는 1999년 고용상의 남녀평등을 강조한 암스테르담 조약을 인준하고 국내법에 도입하여 시행하였으며, 2006년에는 양성 간 임금 격차축소와 일·가정 양립을 주요한 목표로 삼는 '남녀 임금평등에 관한 법률'을 제정하였다. 이 법에서는 기업별, 산업별 교섭에서 남녀 임금격차 축소에 대한 내용을 포함하도록 의무화하고, 출산휴가 및 입양휴가 이후 임금 미상승분을 보충하도록 하고 있다. 스웨덴은 사회 전반에서 기회·권리 균등을 촉진하고 각종 차별을 방지하기 위한 '차별법'(The Discrimination Act) 시행을 통해 남녀의 차별을 시정하였다. 또한 신축적인 파트타임과 출퇴근시간 자유화, 출산 후 직장복귀 등을 법제화하였다. 나아가 공공보육시설 무상 이용(평균보육료부담 4%)을 실시하고 보편적 아동수당과 저소득층에 대한 주택보조금 지원 정책도 시행하고 있다. 노르웨이 역시 특정 정책보다는 남녀평등 분위기 조성과 일과 양육을 병행할 수 있는 사회적 환경 조성이 출산율을 제고하는 데 기여하였다. 한편 일본은 2005년 신신(新新)엔젤플랜을 발족하여 보육환경을 개선함으로써 여성의 경제활동을 늘리고, 남성의 육아휴직, 기업의 가족지원 등을 장려하여 저출산 문제의 극복을 위해 노력하고 있다.

① 각 국의 근로정책 소개
② 선진국의 남녀 평등문화
③ 남녀평등에 관한 국가별 법률 현황
④ 남녀가 평등한 문화 및 근로정책

|3~4 | 다음 문장들을 순서에 맞게 배열한 것을 고르시오.

3

> (가) 이보다 발달된 차원의 경험적 방법은 관찰이며, 지식을 얻기 위해 외부 자연 세계를 관찰하는 것이다.
>
> (나) 가장 발달된 것은 실험이며 자연 세계에 변형을 가하거나 제한된 조건하에서 살펴보는 것이다.
>
> (다) 우선 가장 초보적인 차원이 일상 경험이다.
>
> (라) 자연과학의 경험적 방법은 세 가지 차원에서 생각해볼 수 있다.

① (가) - (라) - (나) - (다)　　　　② (가) - (나) - (라) - (다)

③ (라) - (다) - (나) - (가)　　　　④ (라) - (다) - (가) - (나)

4

> (가) 가벼울수록 에너지 소모가 줄어들기 때문에 철도차량은 끊임없이 경량화를 추구하고 있다. 물론 차
> 량속도를 높이기 위해서는 추진 장치의 성능을 높일 수도 있지만, 이는 가격상승과 더 많은 전력
> 손실을 가져온다. 또한 차량이 무거울수록 축중이 증가해 궤도와 차륜의 유지보수 비용도 증가하고,
> 고속화 했을 때 그만큼 안전성이 떨어지는 등 문제가 있어 경량화는 열차의 설계에 있어서 필수적
> 인 사항이 되었다.
>
> (나) 이를 위해 한 종류의 소재로 전체 차체구조에 적용하는 것이 아니라, 소재의 기계적 특성과 해당
> 부재의 기능적 역할에 맞게 2종류 이상의 소재를 동시에 적용하는 하이브리드 형 차체가 개발되었
> 다. 예를 들면 차체 지붕은 탄소섬유강화플라스틱(CFRP)과 알루미늄 압출재, 하부구조는 스테인리
> 스 스틸 또는 고장력강 조합 등으로 구성되는 등 다양한 소재를 병용해 사용하고 있다. 이렇게 복
> 합재료를 사용하는 것은 두 가지 이상의 독립된 재료가 서로 합해져서 보다 우수한 기계적 특성을
> 나타낼 수 있기 때문이다.
>
> (다) 초기의 철도 차량은 오늘날과 전혀 다른 소재와 모양을 하고 있었다. 열차가 원래 마차를 토대로
> 하여 만들어졌고, 증기기관의 성능도 뛰어나지 못해 대형 차량을 끌 수 없었기 때문이다. 하지만
> 크기가 커지면서 구조적으로 집과 유사한 형태를 가지게 되어, 철도 차량은 벽과 기둥이 만들어지
> 고 창문이 설치되면서 집과 유사한 구조를 가지게 되었다. 열차의 차체는 가벼운 목재에서 제철산
> 업이 발달하면서 강제로 변화되었다. 차체 소재가 목재에서 금속재로 변경된 이유는 충돌, 탈선 및
> 전복, 화재 등의 사고가 발생했을 때 목재 차체는 충분한 안전을 확보하는데 어렵기 때문이다. 물
> 론 생산제조 기술의 발전으로 금속재료 차체들의 소재원가 및 제조비용이 낮아졌다는 것도 중요하
> 다고 할 수 있다.

(라) 철강 기술이 발달하면서 다양한 부위에 녹이 슬지 않는 스테인리스를 사용하게 되었다. 그리고 구조적으로도 변화가 생겼다. 단순한 상자모양에서 차량은 프레임 위에 상자 모양의 차체를 얹어서 만드는 형태로 진화했고, 위치에 따라 작용하는 힘의 크기를 계산해 다양한 재료를 사용하기에 이르렀다. 강재나 SUS(스테인리스 스틸), 알루미늄 합금 등 다양한 금속재료를 활용하는 등 소재의 종류도 크게 증가했다. 그리고 금속소재뿐만 아니라 엔지니어링 플라스틱이나 섬유강화복합(FRP, Fiber Reinforced Polymer) 소재와 같은 비금속 재료도 많이 활용되고 있다. FRP는 우수한 내식성과 성형성을 가진 에폭시나 폴리에스터와 같은 수지를 유리나 탄소섬유와 같이 뛰어난 인장과 압축강도를 가진 강화재로 강도를 보강해 두 가지 재료의 강점만 가지도록 만든 것이다.

① (다) - (라) - (가) - (나) 　　② (라) - (다) - (가) - (나)
③ (다) - (라) - (나) - (가) 　　④ (나) - (라) - (가) - (다)

5 다음 주어진 문장이 들어갈 위치로 가장 적절한 곳을 고르시오.

이들의 업적은 수학에 관한 기초적인 사실을 많이 발견했고, 케플러는 그 유명한 행성의 운동 법칙 세 가지 모두를 밝혀냈다.

수학은 본래 자연에 대한 관찰과 경험을 통해 얻은 실용적인 사실들의 수집에서 출발했다. (가) 그 후 고대 그리스 시대에 이르러 증명과 공리(公理)적 방법의 도입으로 확고한 체제를 갖추게 되었다. (나) 여기에서 증명은 다른 사람을 설득하기 위한 논리적 설명이고, 공리적 방법은 증대된 수학 지식의 체계적인 정리라고 할 수 있다. (다) 그러므로 증명이나 공리적 방법은 발견의 도구가 될 수는 없으며, 창의적 발상을 저해할 수도 있다. (라) 그리스 시대 이후 오랫동안 정체의 늪에 빠져 있던 수학은, 저명한 수학자이며 과학자인 갈릴레오와 케플러의 놀라운 발견이 이루어진 후, 17세기에 새로운 힘을 얻게 되었다. (마) 이들의 발견이 현대 동역학(動力學)과 현대 천체 역학으로 발전하는 과정에서 이러한 변화와 운동을 다룰 수 있는 새로운 수학 도구를 필요로 했기 때문이다.

① (가) 　　② (나)
③ (마) 　　④ (라)

| 6~7 | 다음을 읽고, 빈칸에 들어갈 내용으로 가장 알맞은 것을 고르시오.

6

> 슬로비치 모델은 과학기술 보도의 사회적인 증폭 양상에 보다 주목하는 이론이다. 이 모델은 언론의 과학기술 보도가 어떻게 사회적인 증폭 역할을 수행하게 되는지, 그리고 그 효과가 사회적으로 어떤 식으로 확대 재생산될 수 있는지를 보여 준다. 특정 과학기술 사건이 발생하면 뉴스 보도로 이어진다. 이때 언론의 집중 보도는 수용자 개개인의 위험 인지를 증폭시키며, 이로부터 수용자인 대중이 위험의 크기와 위험 관리의 적절성에 대하여 판단하는 정보 해석 단계로 넘어간다. 이 단계에서 이미 증폭된 위험 인지는 보도된 위험 사건에 대한 해석에 영향을 미쳐 _____. 이로 말미암은 부정적 영향은 그 위험 사건에 대한 인식에서부터 유관기관, 업체, 관련 과학기술 자체에 대한 인식에까지 미치게 되며, 또한 관련 기업의 매출 감소, 소송의 발생, 법적 규제의 강화 등의 다양한 사회적 파장을 일으키게 된다.

① 보도 대상에 대한 신뢰 훼손과 부정적 이미지 강화로 이어진다.
② 대중들로 하여금 잘못된 선택을 하게 한다.
③ 대중들의 선택에 모든 책임을 부여한다.
④ 언론에 대한 대중들의 신뢰가 무너지게 된다.

7

> 비트겐슈타인이 1918년에 쓴 『논리 철학 논고』는 '빈학파'의 논리실증주의를 비롯하여 20세기 현대 철학에 큰 영향을 주었다. 그는 많은 철학적 논란들이 언어를 애매하게 사용하여 발생한다고 보았기 때문에 언어를 분석하고 비판하여 명료화하는 것을 철학의 과제로 삼았다. 그는 이 책에서 언어가 세계에 대한 그림이라는 '그림이론'을 주장한다. 이 이론을 세우는데 그에게 영감을 주었던 것은, 교통사고를 다루는 재판에서 장난감 자동차와 인형 등을 이용한 모형을 통해 사건을 설명했다는 기사였다. 그런데 모형을 가지고 사건을 설명할 수 있는 이유는 무엇일까? 그것은 모형이 실제의 자동차와 사람 등에 대응하기 때문이다. 그는 언어도 이와 같다고 보았다. 언어가 의미를 갖는 것은 언어가 세계와 대응하기 때문이다. 다시 말해 언어가 세계에 존재하는 것들을 가리키고 있기 때문이다. 언어는 명제들로 구성되어 있으며, 세계는 사태들로 구성되어 있다. 그리고 명제들과 사태들은 각각 서로 대응하고 있다. _____

① 그러므로 언어는 세계를 설명할 수 있지만, 사건은 설명할 수 없다.
② 이처럼 언어와 세계의 논리적 구조는 동일하며, 언어는 세계를 그림처럼 기술함으로써 의미를 가진다.
③ 이처럼 비트겐슈타인은 '그림 이론'을 통해 언어가 설명할 수 없는 세계에 대하여 제시했다.
④ 그러므로 철학적 논란들은 언어를 명확하게 사용함으로써 사라질 것이다.

8 다음 글을 읽고 답을 구할 수 있는 질문이 아닌 것은?

미술에서 19세기 사실주의는 낭만주의의 지나친 주관주의와 감성적 접근에 거부감을 느끼고 사실을 객관적으로 재현하려 한 유파이다. 그러나 넓은 의미에서 사실주의는 외부 세계를 충실하게 재현하려는 모든 미술적 시도에 다 적용된다.

라스코 동굴 벽화 같은 선사 시대의 동물 그림, 르네상스 이후 사실적인 표현을 발달시켜 온 다 빈치, 미켈란젤로, 램브란트 등의 그림에는 사실주의의 정신이 면면히 깔려 있다. 감각이 경험한 대로 자연을 모방하는 행위에 대해 사실주의라는 말이 쓰인 것이다. 그런가 하면 추상 미술과 대립하는 형상 미술 일반을 가리켜 사실주의 미술이라고 부르기도 한다.

19세기 중반 도미에, 쿠르베, 밀레 등의 그림에 처음으로 사실주의라는 이름이 붙은 것은 이들의 작품이 이전 작품들과 달리 외부 세계를 객관적으로 묘사하되, 그것을 수단이 아닌 최고의 목표로 삼았기 때문이다. 사실주의 화가들은 고전주의가 추구한 이상이나 규범을 거부하고 낭만주의가 추구한 주관과 감정의 세계와도 맞서며 오로지 눈으로 보고 경험한 세계를 객관적으로 묘사하는 데 심혈을 기울였다. 자연히 그림의 대상은 객관화가 가능한 당대의 현실이 됐다.

사조로서 19세기 사실주의는 그리 오래 존속되지 못했다. 그러나 사실주의의 영향은 이후에도 오래 지속되었다. 현대인의 합리적이고 이성적인 세계관과 잘 어울리는 까닭에 '거짓과 허황됨이 없는 미술'의 표본으로 받아들여졌고, 더불어 더 이상 종교나 신화, 주관적인 감상에 기대지 않고 과학적으로 관찰하고 객관적으로 표현하는 미술의 길을 열어 주었다. 미술이 현실을 비판하는 기능을 수행하도록 새 지평을 열어 준 셈이다.

이렇게 과학적이고 객관적인 가치를 중시한 사실주의는 19세기 말에서 20세기 초 사회적 사실주의나 사회주의 사실주의 같은 새로운 사실주의 운동의 뿌리로 기능한다. 사회적 사실주의란 도시화, 산업화 등 현대 사회의 여러 문제를 사회악과 부정의의 차원에서 이해하고 이를 비판적으로 혹은 냉소적으로 묘사한 회화이다. 현대 도시 사회의 문제점을 파헤친 사회적 사실주의 미술은 다큐멘터리 성격을 띠는 경우가 많았는데, 특히 시위나 파업 같은 반향이 큰 소재를 생생하게 묘사했다. 19세기 후반 영국에서 사회적 사실주의 그림이 많이 그려진 것은 당시 영국이 산업화와 근대화, 도시화의 최선봉에 서 있었던 점과 무관하지 않다.

사회주의 사실주의란 사회주의 시각에서 현실 속에 '역사적 구체성'을 담아 표현한 옛 공산권의 미술을 가리킨다. 여기서 역사적 구체성이란 노동 계급을 사회주의 정신으로 교화·개조하는 일을 고무·찬양하는 제반 시도를 가리킨다. 사회주의 사실주의는 이렇듯 철저히 이념 지향적인 미술을 추구했다. 그러나 이념에 대한 과도한 집착은 사회주의 사실주의가 사실주의 미술로서 실패하는 원인이 된다. 사실주의의 힘은 이념이 아니라 사실 그 자체에서 나오는 것이기 때문이다. 사실주의는 여전히 현대의 미술 사조에 큰 영향을 미치고 있으며 현실과의 관계 속에서 뚜렷한 자취를 남기고 있다.

---

① 사회주의 사실주의가 실패한 원인은 무엇인가?
② 사회적 사실주의와 사회주의 사실주의의 차이점은 무엇인가?
③ 사조로서의 19세기 사실주의가 오래 존속되지 못한 이유는 무엇인가?
④ 사조로서의 사실주의 작품들이 이전의 작품들과 다른 점은 무엇인가?

수면은 일련의 단계를 거친다고 한다. 각성과 수면의 중간인 1단계에서는 보통 낮고 빠른 뇌파를 보이며 근육 활동이 이완된다. 그리고 호흡과 맥박이 느려지는 2단계에서는 뇌파도 점점 느려지고 체온도 떨어진다. 깊은 수면이 시작되는 3단계에서는 느린 델타파가 나타나기 시작해, 4단계에 도달하면 외부 자극에 대해서 더 이상 반응을 하지 않고 제한적인 근육 반응만 나타나는 깊은 수면에 빠진다. 그런데 깊은 수면 상태인데도 불구하고 1단계과 같은 뇌파를 보이며 혈압이 높아지고 호흡이 증가하는, 그리고 흥미롭게도 마치 빠른 액션 영화를 보고 있을 때처럼 안구가 신속하게 움직이는 단계가 나타나기도 하는데 이것이 5단계이며 흔히 REM 수면이라고 부르기도 한다. 이러한 REM 수면은 총 수면 시간의 20% 정도를 차지하는데 흥미로운 것은 이 REM 수면 중인 사람들을 깨우면 80% 이상이 꿈을 보고한다는 것이다. 이러한 꿈에 대해서 예부터 사람들은 수많은 호기심을 가져 왔다. 그 중에서도 특히 꿈이 어떤 심리적 기능 혹은 역할을 할 것인가의 문제와 꿈 내용이 의미가 있는가를 구분하여 생각해 보면 다음과 같다.

꿈은 우리의 무의식에 도달하는 최고의 지름길이며, 우리의 충족되지 못한 잠재적 무의식이 상징적 형태로 발현되는 것이기에 해석이 필요하게 된다. 즉 욕구충족이라는 심리적 기능과 상징적 의미를 부여한다. 또한 꿈에 대한 역학습 이론도 있는데 이는 낮 동안 축적했던 여러 정보들 중 더 이상 필요 없는 정보들을 정리하는 작업이 필요하고 이것이 주관적 꿈 경험으로 나타난다고 생각하는 이론이다.

즉 일종의 정보 청소작업의 부산물이 꿈이라고 생각하는 것이다. 신경생리학적 기능을 하지만 꿈 자체는 의미가 없다는 생각인데 이 생각은 흥미롭게도 유전자의 이중나선구조를 밝히는데 일조한 크릭과 동료들이 제기한 이론이다. 또 다른 이론은 꿈이 생존에 필요하다는 이론이다. 우리의 생존에 중요성을 갖는 여러 정보 즉 걱정, 염려, 생각, 욕구, 불확실성을 꿈으로 다시 고려하고 처리하는 것이라는 주장으로 즉 꿈의 내용이 우리의 걱정과 염려를 나타내는 것이기에 의미가 있다고 생각하는 것이다. 이 외에도 앞서 말한 역학습 이론과 맥을 같이하는 활성화–종합 이론이 있는데 이 이론은 대뇌의 뇌간에서 신경전달물질의 변화로 신경흥분이 발생하고 이것들이 대뇌의 피질에 전달되면 이를 그럴듯한 시나리오로 구성해 내는, 즉 종합의 부산물이 꿈일 것이라는 주장이다. 그러기에 어떤 특별한 심리적 의미를 부여할 필요가 없게 된다. 하지만 최근에 심리학자인 돔호프는 20,000 사례가 넘는 꿈을 분석하면서, 실제 꿈의 내용은 아주 잘 정돈되어 있으며 우리가 깨어 있을 때의 생각이나 사고와 아주 일치된다는 사실을 보고하며 활성화–종합 이론을 비판하고 있다. 더구나 5살 미만의 아이들에게는 꿈에 대한 보고가 드물고, 있다고 하더라도 아주 개략적인 특성(예, '강아지를 보았다'는 식의)이라는 점, REM을 보이지만 전두엽 손상 환자는 꿈을 꾸지 않는다는 결과 등을 들며 새로운 꿈 이론이 필요함을 역설하고 있다. 그리고 꿈 자체가 어떤 적응적인 가치가 있는 것은 아니며, 단지 수면과 고차인지과정의 진화론적 발달의 부산물이라고 주장한다. 아울러 앞서 언급했던 것처럼 깨어있을 때 일어나는 우리의 인지과정 즉 생각이나 사고의 내용과, 꿈의 내용이 같은 특성이라는 점에서 즉, 평소 깨어 있을 때 하던 생각의 내용이 꿈에서도 나타난다는 점에서 인지과학적인 꿈 연구가 필요함을 역설하고 있다.

① 꿈이 어떤 심리적 기능 혹은 역할을 하는지, 그리고 꿈의 내용이 의미가 있는지에 대해서는 현재까지 여러 가지 이론들로 설명되어지고 있다.

② 역학습 이론이란 낮 동안 축적했던 여러 정보들 중 더 이상 필요 없는 정보들을 정리하는 작업이 필요하고 이것이 주관적 꿈 경험으로 나타난다고 생각하는 이론을 말한다.

③ REM 수면은 깊은 수면 상태인데도 불구하고, 1단계와 같은 뇌파를 보이며 혈압이 높아지고 호흡이 증가하며 안구가 신속하게 움직이는 단계다.

④ 돔호프의 연구결과 꿈에 대한 보고는 5살 미만의 아이들에게서 현저히 높은 비율로 나타나며 꿈의 내용 또한 매우 구체적이라는 것을 알았다.

10 다음 글의 내용과 일치하지 않는 것은 어느 것인가?

> 인문학이 기업 경영에 도움을 주는 사례는 대단히 많다. 휴렛패커드의 칼리 피오리나는 중세에서 르네상스로 전환하는 시기에 대한 관심이 디지털시대로 전환하는 시대를 이해하는 데 큰 도움을 주고 있다는 말을 하곤 한다. 또 마이클 아이스너 디즈니 CEO는 자신의 인문학적 소양이 국제 관계를 다루는 데 큰 도움이 되었다고 한다.
>
> 역사나 문학은 인간과 사회에 대한 다양한 사례를 제공함으로써 인간과 사회를 깊이 이해하게 한다. 철학이 인간과 사회에 대한 본질적인 문제를 다루고 우리가 무엇을 지향해야 할 것인가 하는 가치의 문제를 다루게 하는 것과 함께 고려하면 문학, 역사, 철학은 인간과 사회에 대한 다양한 경험과 깊은 통찰을 알려주고 연마하는 중요한 학문임을 알게 된다. 그 핵심은 소통하고 공감하는 능력이다.
>
> 사회 환경 변화에 민감할 수밖에 없는 기업이 이를 가장 예민하게 받아들이고 있다. 현재는 경영 환경이 이전과 달리 복합적이고 복잡하다. 소비 자체가 하나의 문화적 현상이 되면서 기업도 물건을 파는 것이 아니라 문화를 함께 제공하여야 한다. 당연한 말이지만 이를 해결하기 위해서는 단편적인 지식이 아니라 인간을 이해하고 사회 문화를 파악할 수 있는 통찰력과 복합적 사고력이 요구된다.
>
> 게다가 요즈음은 새로운 기술이 개발되었다고 해도 복제나 다른 방법을 통해 곧 평준화된다. 신기술의 생명이 점점 짧아지는 것이 바로 이러한 추세를 반영한다. 그렇다면 후발 기업이나 선진 기업의 기술 격차가 난다고 해도 그것이 못 따라갈 정도는 아니라는 말이다. 지금의 차이도 시간의 문제일 뿐 곧 평준화된다고 보아야 한다. 이제 기술을 통해서 차별을 할 수 있는 시기는 지난 것이다.
>
> 이런 때 요구되는 것은 인간에 대한 깊은 이해로부터 만들어진 차별이다. 문화를 통한 기술이라는 것이 바로 이런 점이다. 어느 기업이든 인간을 어떻게 보느냐에 따라서 생산물에 그 철학이 담기게 되고 이것은 독특한 색채가 된다.

① 인문학적 소양은 인간과 사회를 깊이 이해하게 한다.

② 문학, 역사, 철학이 인간 사회에 주는 영향의 핵심은 소통과 공감 능력이다.

③ 소비자의 소비 행위는 단순히 물건을 구매하는 것을 넘어 하나의 문화적 현상이 되었다.

④ 기술 개발력의 향상으로 기업 간 격차와 차별화는 날로 심해진다.

11 O회사에 근무하고 있는 채과장은 거래 업체를 선정하고자 한다. 업체별 현황과 평기기준이 다음과 같을 때, 선정되는 업체는?

<table>
<tr><td colspan="4" align="center">〈업체별 현황〉</td></tr>
<tr><td rowspan="2">국가명</td><td>시장매력도</td><td>정보화수준</td><td>접근가능성</td></tr>
<tr><td>시장규모(억 원)</td><td>정보화순위</td><td>수출액(백만 원)</td></tr>
<tr><td>A업체</td><td>550</td><td>106</td><td>9,103</td></tr>
<tr><td>B업체</td><td>333</td><td>62</td><td>2,459</td></tr>
<tr><td>C업체</td><td>315</td><td>91</td><td>2,597</td></tr>
<tr><td>D업체</td><td>1,706</td><td>95</td><td>2,777</td></tr>
</table>

〈평가기준〉

• 업체별 종합점수는 시장매력도(30점 만점), 정보화수준(30점 만점), 접근가능성(40점 만점)의 합계 (100점 만점)로 구하며, 종합점수가 가장 높은 업체가 선정된다.
• 시장매력도 점수는 시장매력도가 가장 높은 업체에 30점, 가장 낮은 업체에 0점, 그 밖의 모든 업체에 15점을 부여한다. 시장규모가 클수록 시장매력도가 높다.
• 정보화수준 점수는 정보화순위가 가장 높은 업체에 30점, 가장 낮은 업체에 0점, 그 밖의 모든 업체에 15점을 부여한다.
• 접근가능성 점수는 접근가능성이 가장 높은 업체에 40점, 가장 낮은 업체에 0점, 그 밖의 모든 국가에 20점을 부여한다. 수출액이 클수록 접근가능성이 높다.

① A
② B
③ C
④ D

12 Z회사에 근무하는 7명의 직원이 교육을 받으려고 한다. 교육실에서 직원들이 앉을 좌석의 조건이 다음과 같을 때 직원 중 빈 자리 바로 옆 자리에 배정받을 수 있는 사람은?

〈교육실 좌석〉

첫 줄	A	B	C
중간 줄	D	E	F
마지막 줄	G	H	I

〈조건〉
- 직원은 강훈, 연정, 동현, 승만, 문성, 봉선, 승일 7명이다.
- 서로 같은 줄에 있는 좌석들끼리만 바로 옆 자리일 수 있다.
- 봉선의 자리는 마지막 줄에 있다.
- 동현이의 자리는 승만이의 바로 옆 자리이며, 또한 빈 자리 바로 옆이다.
- 승만이의 자리는 강훈이의 바로 뒷 자리이다.
- 문성이와 승일이는 같은 줄의 좌석을 배정 받았다.
- 문성이나 승일이는 누구도 강훈이의 바로 옆 자리에 배정받지 않았다.

① 승만
② 문성
③ 연정
④ 봉선

▌13~14 ▌ 다음의 말이 전부 참일 때 항상 참인 것을 고르시오.

13

- 민규는 지선이보다 포인트가 높다.
- 지선이는 상훈이와 포인트가 같다.
- 상훈이는 미정이보다 포인트가 적다.

① 미정이는 지선이보다 포인트가 높다.
② 민규는 미정이보다 포인트가 높다.
③ 포인트가 가장 높은 사람은 민규이다.
④ 포인트가 가장 높은 사람은 미정이다.

14

> • 그림을 잘 그리는 사람은 IQ가 높고, 상상력이 풍부하다.
> • 키가 작은 사람은 IQ가 높다.
> • 노래를 잘하는 사람은 그림을 잘 그린다.

① 상상력이 풍부하지 않은 사람은 노래를 잘하지 않는다.
② 그림을 잘 그리는 사람은 노래를 잘한다.
③ 키가 작은 사람은 상상력이 풍부하지 않다.
④ 그림을 잘 그리는 사람은 키가 크다.

15 용의자 A, B, C, D 4명이 있다. 이들 중 A, B, C는 조사를 받는 중이며 D는 아직 추적 중이다. 4명 중에서 한 명만이 진정한 범인이며, A, B, C의 진술 중 한명의 진술만이 참일 때 보기에서 옳은 것을 고르면?

> • A : B가 범인이다.
> • B : 내가 범인이다.
> • C : D가 범인이다.

〈보기〉

ⓐ A가 범인이다.　　　　　　　　　　ⓑ B가 범인이다.
ⓒ D가 범인이다.　　　　　　　　　　ⓓ B는 범인이 아니다.
ⓔ C는 범인이 아니다.

① ⓐⓓⓔ　　　　　　　　　　② ⓑⓔ
③ ⓐⓔ　　　　　　　　　　④ ⓒⓓⓔ

16 진영, 은수, 홍희, 영수, 민서, 진숙, 진현, 희연이가 3개의 택시에 나누어 타려고 한다. 각 택시에는 3자리가 있으며 택시의 색은 각각 빨간색, 노란색, 검은색이다. 빨간색 택시에는 두 사람만이 탈 수 있고, 민서가 노란색 택시를 타고 있다면 검은색 택시에 타고 있지 않은 사람은?

- 진영이는 반드시 빨간색 택시에 타야 한다.
- 은수와 홍희는 반드시 같은 택시에 타야 한다.
- 영수는 민서와 같은 택시에 탈 수 없다.
- 진숙이는 진영이와 같은 택시에 타야 한다.
- 진현이가 탄 택시에는 민서 또는 진영이가 타고 있어야 한다.

① 영수
② 은수
③ 홍희
④ 희연

17 주어진 결론을 반드시 참으로 하는 전제를 고르시오.

전제1 : 뱀은 단 사과만을 좋아한다.
전제2 : _____
결론 : 뱀은 작은 사과를 좋아하지 않는다.

① 작은 사과는 달지 않다.
② 작지 않은 사과는 달다.
③ 어떤 뱀은 큰 사과를 좋아하지 않는다.
④ 작지 않은 사과는 달지 않다.

18 주어진 글을 읽고 바르게 서술된 것을 고르시오.

각각의 정수 A, B, C, D를 모두 곱하면 0보다 크다.

---

① A, B, C, D 모두 양의 정수이다.
② A, B, C, D의 합은 양수이다.
③ A, B, C, D 중 2개를 골라 곱했을 경우 0보다 크다면 나머지의 곱은 0보다 크다.
④ A, B, C, D 중 3개를 골라 더했을 경우 0보다 작으면 나머지 1개는 0보다 작다.

19 겨울을 맞이하여 다양한 선물을 준비하였다. 선물의 종류는 목도리, 모자, 장갑이며 색은 빨강과 노랑 두 가지이다. 선물을 받은 사람들이 기념으로 모두 받은 선물들을 입고 모였을 때 다음과 같았을 때, 장갑만 빨간 사람은 몇 명인가? (단, 인원은 모두 14명)

- 조건1 : 모자, 목도리, 장갑 중 1가지만 빨간색을 몸에 걸친 사람은 9명이다.
- 조건2 : 모자와 장갑은 다른 색이다.
- 조건3 : 빨간색 목도리와 빨간색 장갑의 사람 수와 노란색 목도리와 노란색 장갑의 사람 수의 합은 8 이다.
- 조건4 : 빨간색 모자를 쓰고 있는 사람은 7명이다.

---

① 1명   ② 4명
③ 7명   ④ 8명

20 A고등학교의 신입교사 기중, 태호, 신혜, 수란, 찬호 다섯 명 중 네 명이 각각 1학년 1, 2, 3, 4반을 담임을 맡게 된다. 결과에 대해 각자가 예측한 것이 다음과 같고, 이들의 예측 중 한 명의 예측을 제외하고 모두 결과와 일치했을 때, 옳은 것은?

> 기중 : 태호는 3반이 아닌 다른 반의 담임이 될 것이다.
> 태호 : 수란이가 1반의 담임이 될 것이다.
> 신혜 : 태호의 말은 참일 것이다.
> 수란 : 신혜의 예측은 틀렸을 것이다.
> 찬호 : 신혜가 4반의 담임이고, 기중이는 담임을 맡지 않을 것이다.

① 기중은 담임을 맡지 않는다.
② 태호는 1반의 담임이다.
③ 신혜는 3반의 담임이다.
④ 수란은 2반의 담임이다.

21 다음 글과 〈조건〉을 근거로 판단할 때, 중국으로 출장 가는 사람으로 짝지어진 것은?

C회사에서는 업무상 외국 출장이 잦은 편이다. 인사부 A씨는 매달 출장 갈 직원들을 정하는 업무를 맡고 있다. 이번 달에는 총 4국가로 출장을 가야 하며 인원은 다음과 같다.

미국	영국	중국	일본
1명	4명	3명	4명

출장을 갈 직원은 이과장, 김과장, 신과장, 류과장, 임과장, 장과장, 최과장이 있으며, 개인별 출장 가능한 국가는 다음과 같다.

국가 \ 직원	이과장	김과장	신과장	류과장	임과장	장과장	최과장
미국	○	×	○	×	×	×	×
영국	○	×	○	○	○	×	×
중국	×	○	○	○	○	×	○
일본	×	×	○	×	○	○	○

※ ○ : 출장 가능, × : 출장 불가능
※ 어떤 출장도 일정이 겹치진 않는다.

〈조건〉
• 한 사람이 두 국가까지만 출장 갈 수 있다.
• 모든 사람은 한 국가 이상 출장을 가야 한다.

① 김과장, 최과장, 류과장
② 김과장, 신과장, 류과장
③ 신과장, 류과장, 임과장
④ 김과장, 임과장, 최과장

22 다음은 A와 B제품을 1개씩 만드는 데 필요한 연료와 전력 및 하루 사용 제한량을 나타낸 표이다. A는 5개에 15만원, B는 3개에 3만원의 이익이 생긴다. A와 B를 총 50개 생산할 때, 최대한 많은 이익을 얻기 위한 A의 생산 개수와 그 때의 총이익은 얼마인가?

제품	A	B	제한
연료(L)	2	5	220
전력(kWh)	45	15	1,800

① 10개, 65만원

② 10개, 90만원

③ 35개, 120만원

④ 35개, 250만원

23 다음 사례에 나오는 효진의 시간관리 유형은 무엇인가?

효진은 하루 24시간 중 8시간의 회사 업무 이외에도 8시간을 효율적으로 활용하고 8시간동안 충분히 숙면도 취한다. 그녀는 어느 누구보다도 하루하루를 정신없이 바쁘게 살아가는 사람 중 한 명이다.

① 시간 창조형

② 시간 소비형

③ 시간 절약형

④ 시간 파괴형

24 다음은 어느 기업의 직원별 과제 수행 결과에 대한 평가표이다. 가장 나쁜 평가를 받은 사람은 누구인가?

성명	과제 수행 결과	점수
정은	정해진 기한 내에서 작업 완료	
석준	주어진 예산 한도 내에서 작업 완료	
환욱	계획보다 적은 인원을 투입하여 작업 완료	
영재	예상보다 더 많은 양의 부품을 사용하여 작업 완료	

〈직원별 과제 수행 결과 평가표〉

① 정은　　　　　　　　　　　② 석준
③ 환욱　　　　　　　　　　　④ 영재

25 다음 중 시간자원에 대한 설명으로 틀린 것은?

① 시간은 누구에게나 똑같은 속도로 흐른다.
② 시간은 빌리거나 저축할 수 없다.
③ 시간은 시절에 관계없이 그 밀도가 같다.
④ 시간은 어떻게 사용하느냐에 따라 가치가 달라진다.

26 다음에 설명하고 있는 합리적인 인사관리 원칙은?

근로자의 인권을 존중하고 공헌도에 따라 노동의 대가를 지급한다.

① 적재적소 배치의 원리　　　　② 공정 보상의 원칙
③ 공정 인사의 원칙　　　　　　④ 종업원 안정의 원칙

27 서원각 경영진은 최근 경기 침체로 인한 이익감소를 극복하기 위하여 신규사업을 검토 중이다. 현재 회사는 기존 사업에서 평균 투자액 기준으로 12%의 회계적 이익률을 보이고 있으며, 신규사업에서 예상되는 당기순이익은 다음과 같다.

구분	신규사업으로 인한 당기순이익
1	200,000
2	300,000
3	400,000

회사는 신규사업을 위해 2,240,000을 투자해야 하며 3년 후의 잔존가치는 260,000원으로 예상된다. 최초투자액을 기준으로 하여 신규사업의 회계적 이익률을 구하면? (회사는 정액법에 의해 감가상각한다. 또한 회계적 이익률은 소수점 둘째 자리에서 반올림한다.)

① 약 11.4%   ② 약 12.4%

③ 약 13.4%   ④ 약 14.4%

28 다음은 공무원에게 적용되는 '병가' 규정의 일부이다. 다음을 참고할 때, 규정에 맞게 병가를 사용한 것으로 볼 수 없는 사람은 누구인가?

병가(복무규정 제18조)

▲ 병가사유
 - 질병 또는 부상으로 인하여 직무를 수행할 수 없을 때
 - 감염병의 이환으로 인하여 그 공무원의 출근이 다른 공무원의 건강에 영향을 미칠 우려가 있을 때
▲ 병가기간
 - 일반적 질병 또는 부상 : 연 60일의 범위 내
 - 공무상 질병 또는 부상 : 연 180일의 범위 내
▲ 진단서를 제출하지 않더라도 연간 누계 6일까지는 병가를 사용할 수 있으나, 연간 누계 7일째 되는 시점부터는 진단서를 제출하여야 함
▲ 질병 또는 부상으로 인한 지각·조퇴·외출의 누계 8시간은 병가 1일로 계산, 8시간 미만은 계산하지 않음
▲ 결근·정직·직위해제일수는 공무상 질병 또는 부상으로 인한 병가일수에서 공제함
---

① 공무상 질병으로 179일 병가 사용 후, 같은 질병으로 인한 조퇴 시간 누계가 7시간인 K씨

② 일반적 질병으로 인하여 직무 수행이 어려울 것 같아 50일 병가를 사용한 S씨

③ 정직 30일의 징계와 30일의 공무상 병가를 사용한 후 지각 시간 누계가 7시간인 L씨

④ 일반적 질병으로 60일 병가 사용 후 일반적 부상으로 인한 지각·조퇴·외출 시간이 각각 3시간씩인 H씨

29 다음 자료에 대한 분석으로 옳지 않은 것은?

△△그룹에는 총 50명의 직원이 근무하고 있으며 자판기 총 설치비용과 사내 전 직원이 누리는 총 만족감을 돈으로 환산한 값은 아래 표와 같다. (단, 자판기로부터 각 직원이 누리는 만족감의 크기는 동일하며 설치비용은 모든 직원이 똑같이 부담한다)

자판기 수(개)	총 설치비용(만 원)	총 만족감(만 원)
3	150	210
4	200	270
5	250	330
6	300	360
7	350	400

① 자판기를 7개 설치할 경우 각 직원들이 부담해야 하는 설치비용은 7만 원이다.
② 자판기를 최적으로 설치하였을 때 전 직원이 누리는 총 만족감은 400만 원이다.
③ 자판기를 4개 설치할 경우 더 늘리는 것이 합리적이다.
④ 자판기를 한 개 설치할 때마다 추가되는 비용은 일정하다.

30 甲은 가격이 1,000만 원인 자동차 구매를 위해 ○○은행의 자동차 구매 상품인 A, B, C에 대해서 상담을 받았다. 다음 상담 내용에 따를 때, 〈보기〉에서 옳은 것을 모두 고르면? (단, 총비용으로는 은행에 내야 하는 금액과 수리비만을 고려하고, 등록비용 등 기타 비용은 고려하지 않는다)

- A상품 : 이 상품은 고객님이 자동차를 구입하여 소유권을 취득하실 때, 은행이 자동차 판매자에게 즉시 구입 금액 1,000만 원을 지불해 드립니다. 그리고 그 날부터 매월 1,000만 원의 1%를 이자로 내시고, 1년이 되는 시점에 1,000만 원을 상환하시면 됩니다.
- B상품 : 이 상품은 고객님이 원하시는 자동차를 구매하여 고객님께 전달해 드리고, 고객님께서는 1년 후에 자동차 가격에 이자를 추가하여 총 1,200만 원을 상환하시면 됩니다. 자동차의 소유권은 고객님께서 1,200만 원을 상환하시는 시점에 고객님께 이전되며, 그 때까지 발생하는 모든 수리비는 저희가 부담합니다.
- C상품 : 이 상품은 고객님이 원하시는 자동차를 구매하여 고객님께 임대해 드립니다. 1년 동안 매월 90만 원의 임대료를 내시면 1년 후에 그 자동차는 고객님의 소유가 되며, 임대기간 중에 발생하는 모든 수리비는 저희가 부담합니다.

〈보기〉
㉠ 자동차 소유권을 얻기까지 은행에 내야 하는 총금액은 A상품의 경우가 가장 적다.
㉡ 1년 내에 사고가 발생해 50만 원의 수리비가 소요될 것으로 예상한다면 총비용 측면에서 A상품보다 B, C상품을 선택하는 것이 유리하다.
㉢ 최대한 빨리 자동차 소유권을 얻고 싶다면 A상품을 선택하는 것이 가장 유리하다.
㉣ 사고 여부와 관계없이 자동차 소유권 취득 시까지의 총비용 측면에서 B상품보다 C상품을 선택하는 것이 유리하다.

① ㉠, ㉡
② ㉡, ㉢
③ ㉠, ㉡, ㉣
④ ㉠, ㉢, ㉣

〈결재규정〉

- 결재를 받으려는 업무에 대해서는 대표이사를 포함한 이하 직책자의 결재를 받아야 한다.
- '전결'은 회사의 경영·관리 활동에 있어서 대표이사의 결재를 생략하고, 자신의 책임 하에 최종적으로 결정하는 행위를 말한다.
- 전결사항에 대해서도 위임 받은 자를 포함한 이하 직책자의 결재를 받아야 한다.
- 표시내용 : 결재를 올리는 자는 대표이사로부터 전결 사항을 위임 받은 자가 있는 경우 결재란에 전결이라고 표시하고 최종결재란에 위임받은 자를 표시한다. 다만, 결재가 불필요한 직책자의 결재란은 상향대각선으로 표시한다.
- 대표이사의 결재사항 및 대표이사로부터 위임된 전결사항은 아래의 표에 따른다.

구분	내용	금액기준	결재서류	팀장	부장	대표이사
접대비	거래처 식대, 경조사비 등	20만 원 이하	접대비지출품의서 지출결의서	● ■		
		30만 원 이하			● ■	
		30만 원 초과				● ■
교통비	국내 출장비	30만 원 이하	출장계획서 출장비신청서	● ■		
		50만 원 이하		●	■	
		50만 원 초과		●		■
	해외 출장비			●		■
소모품비	사무용품		지출결의서	■		
	문서, 전산소모품					■
	잡비	10만 원 이하		■		
		30만 원 이하			■	
		30만 원 초과				■
교육비	사내·외 교육		기안서 지출결의서	●		■
법인카드	법인카드 사용	50만 원 이하	법인카드 신청서	■		
		100만 원 이하			■	
		100만 원 초과				■

※ ● : 기안서, 출장계획서, 접대비지출품의서
※ ■ : 지출결의서, 각종신청서

31 영업부 사원 甲씨는 부산출장으로 450,000원을 지출했다. 甲씨가 작성한 결재 양식으로 옳은 것은?

①

출장계획서				
결재	담당	팀장	부장	최종결재
	甲	/	/	팀장

②

출장계획서				
결재	담당	팀장	부장	최종결재
	甲		전결	부장

③

출장비신청서				
결재	담당	팀장	부장	최종결재
	甲		/	팀장

④

출장비신청서				
결재	담당	팀장	부장	최종결재
	甲		전결	부장

32 기획팀 사원 乙씨는 같은 팀 사원 丙씨의 부친상 부의금 500,000원을 회사 명의로 지급하기로 했다. 乙씨가 작성한 결재 양식으로 옳은 것은?

①

접대비지출품의서				
결재	담당	팀장	부장	최종결재
	乙		전결	부장

②

접대비지출품의서				
결재	담당	팀장	부장	최종결재
	乙			대표이사

③

지출결의서				
결재	담당	팀장	부장	최종결재
	乙	전결	/	팀장

④

지출결의서				
결재	담당	팀장	부장	최종결재
	乙		전결	부장

33 민원실 사원 丁씨는 외부 교육업체로부터 1회에 5만 원씩 총 10회에 걸쳐 진행되는 「전화상담 역량교육」을 담당하게 되었다. 丁씨가 작성한 결재 양식으로 옳은 것은?

①

기안서				
결	담당	팀장	부장	최종결재
재	丁	전결	/	팀장

②

기안서				
결	담당	팀장	부장	최종결재
재	丁			대표이사

③

지출결의서				
결	담당	팀장	부장	최종결재
재	丁	전결	/	팀장

④

지출결의서				
결	담당	팀장	부장	최종결재
재	丁		전결	대표이사

34 다음 글에 나타난 집단의사결정의 특징으로 올바른 것은?

> 건축설계사인 A와 B는 의견 차이로 이틀째 안방 창 크기를 늘렸다가 줄였다하는 웃지 못할 경우를 반복한다. 공사 중이라도 더 좋은 아이디어가 나오면 약간의 변경은 있을 수 있겠지만, 이런 일이 반복되다 보면 큰 낭비가 된다. 일당 15만 원을 받는 목수 한명의 일급은 숙식비를 합하면 18만 원 정도이다. 일일 8시간 작업한다고 했을 때 시간당 22,500원인데, 만약 일하는 현장에서 의사결정 지연으로 작업을 중지하고 대기한다면 시간당 112,500원의 손실이 생기는 셈이다. 이런 일은 현장에서 빈번히 발생한다. 만약, 했던 작업이 변경되어 재작업하는 경우라면 시공에 낭비한 시간, 철거하는 시간, 재시공하는 시간이 누적되어 3배의 손실이 발생한다.

① 의견이 불일치하는 경우 의사결정을 내리는데 시간이 많이 소요된다.
② 지식과 정보가 더 많아 효과적인 결정을 할 수 있다.
③ 특정 구성원에 의해 의사결정이 독점될 가능성이 있다.
④ 집단구성원은 참여를 통해 구성원의 만족과 결정에 대한 지지를 확보할 수 있다.

35 조직이 유연하고 자유로운지 아니면 안정이나 통제를 추구하는지, 조직이 내부의 단결이나 통합을 추구하는지 아니면 외부의 환경에 대한 대응성을 추구하는지의 차원에 따라 집단문화, 개발문화, 합리문화, 계층문화로 구분된다. 지문에 주어진 특징을 갖는 조직문화의 유형은?

> 과업지향적인 문화로, 결과지향적인 조직으로써의 업무의 완수를 강조한다. 조직의 목표를 명확하게 설정하여 합리적으로 달성하고, 주어진 과업을 효과적이고 효율적으로 수행하기 위하여 실적을 중시하고, 직무에 몰입하며, 미래를 위한 계획을 수립하는 것을 강조한다. 이 문화는 조직구성원 간의 경쟁을 유도하는 문화이기 때문에 때로는 지나친 성과를 강조하게 되어 조직에 대한 조직구성원들의 방어적인 태도와 개인주의적인 성향을 드러내는 경향을 보인다.

① 집단문화
② 개발문화
③ 합리문화
④ 계층문화

36 숙박업소 J사장은 미숙한 경영전략으로 주변 경쟁업소에 점점 뒤쳐지게 되어 매출은 곤두박질 쳤고 이에 따라 직원들은 더 이상 근무할 수 없게 되었다. 경영전략 차원에서 볼 때, J사장이 시도했어야 하는 차별화 전략으로 추천하기에 적절하지 않은 것은 어느 것인가?

① 경쟁업소들보다 가격을 낮춰 고객을 유치한다.
② 새로운 객실 인테리어를 통해 신선감을 갖춘다.
③ 주차장 이용 시 무료세차 및 워셔액 지급 등 추가 서비스를 제공한다.
④ 직원들의 복지를 위해 휴게 시설을 확충한다.

37 다음에서 설명하는 개념의 특징으로 옳지 않은 것은?

> 조직이 달성하려는 장래의 상태

① 다수의 조직목표 추구가 가능하다.
② 불변적 속성을 가진다.
③ 조직의 구성요소와 상호관계를 가진다.
④ 조직목표 간 위계적 상호관계가 있다.

38 다음 중 아래의 조직도를 올바르게 이해한 것은?

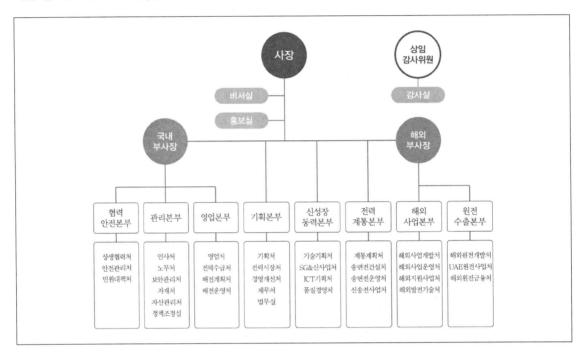

⊙ 사장직속으로는 3개 본부, 13개 처, 2개 실로 구성되어 있다.
ⓒ 국내·해외부사장은 각 3개의 본부를 이끌고 있다.
ⓒ 감사실은 다른 부서들과는 별도로 상임 감사위원 산하에 따로 소속되어 있다.
ⓐ 노무처와 재무처는 서로 업무협동이 있어야 하므로 같은 본부에 소속되어 있다.

① ⊙

② ⓒ

③ ⓒⓒ

④ ⓒⓐ

|39~40| 인사팀에 근무하는 S는 2021년도에 새롭게 변경된 사내 복지 제도에 따라 경조사 지원 내역을 정리하는 업무를 담당하고 있다. 다음을 바탕으로 물음에 답하시오.

❏ 2021년도 변경된 사내 복지 제도

종류	주요 내용
주택 지원	• 사택 지원(가~사 총 7동 175가구) 최소 1년 최장 3년 • 지원 대상 – 입사 3년 차 이하 1인 가구 사원 중 무주택자(가~다동 지원) – 입사 4년 차 이상 본인 포함 가구원이 3인 이상인 사원 중 무주택자(라~사동 지원)
경조사 지원	• 본인/가족 결혼, 회갑 등 각종 경조사 시 • 경조금, 화환 및 경조휴가 제공
학자금 지원	• 대학생 자녀의 학자금 지원
기타	• 상병 휴가, 휴직, 4대 보험 지원

❏ 2021년도 1/4분기 지원 내역

이름	부서	직위	내역	변경 전	변경 후	금액(천원)
A	인사팀	부장	자녀 대학진학	지원 불가	지원 가능	2,000
B	총무팀	차장	장인상	변경 내역 없음		100
C	연구1팀	차장	병가	실비 지급	추가 금액 지원	50 (실비 제외)
D	홍보팀	사원	사택 제공(가-102)	변경 내역 없음		–
E	연구2팀	대리	결혼	변경 내역 없음		100
F	영업1팀	차장	모친상	변경 내역 없음		100
G	인사팀	사원	사택 제공(바-305)	변경 내역 없음		–
H	보안팀	대리	부친 회갑	변경 내역 없음		100
I	기획팀	차장	결혼	변경 내역 없음		100
J	영업2팀	과장	생일	상품권	기프트 카드	50
K	전략팀	사원	생일	상품권	기프트 카드	50

39 당신은 S가 정리해 온 2021년도 1/4분기 지원 내역을 확인하였다. 다음 중 잘못 구분된 사원은?

지원 구분	이름
주택 지원	D, G
경조사 지원	B, E, H, I, J, K
학자금 지원	A
기타	F, C

① B
③ F
② D
④ H

40 S는 2021년도 1/4분기 지원 내역 중 변경 사례를 참고하여 새로운 사내 복지 제도를 정리해 추가로 공시하려 한다. 다음 중 S가 정리한 내용으로 옳지 않은 것은?

① 복지 제도 변경 전후 모두 생일에 현금을 지급하지 않습니다.

② 복지 제도 변경 후 대학생 자녀에 대한 학자금을 지원해드립니다.

③ 변경 전과 달리 미혼 사원의 경우 입주 가능한 사택동 제한이 없어집니다.

④ 변경 전과 같이 경조사 지원금은 직위와 관계없이 동일한 금액으로 지원됩니다.

1 다음 글의 중심 내용으로 가장 적절한 것을 고르시오.

> 행랑채가 퇴락하여 지탱할 수 없게끔 된 것이 세 칸이었다. 나는 마지못하여 이를 모두 수리하였다. 그런데 그중의 두 칸은 앞서 장마에 비가 샌 지가 오래되었으나, 나는 그것을 알면서도 이럴까 저럴까 망설이다가 손을 대지 못했던 것이고, 나머지 한 칸은 비를 한 번 맞고 샜던 것이라 서둘러 기와를 갈았던 것이다. 이번에 수리하려고 본즉 비가 샌 지 오래된 것은 그 서까래, 추녀, 기둥, 들보가 모두 썩어서 못 쓰게 되었던 까닭으로 수리비가 엄청나게 들었고, 한 번밖에 비를 맞지 않았던 한 칸의 재목들은 완전하여 다시 쓸 수 있었던 까닭으로 그 비용이 많이 들지 않았다.
>
> 나는 이에 느낀 것이 있었다. 사람의 몸에 있어서도 마찬가지라는 사실을. 잘못을 알고서도 바로 고치지 않으면 곧 그 자신이 나쁘게 되는 것이 마치 나무가 썩어서 못 쓰게 되는 것과 같으며, 잘못을 알고 고치기를 꺼리지 않으면 해(害)를 받지 않고 다시 착한 사람이 될 수 있으니, 저 집의 재목처럼 말끔하게 다시 쓸 수 있는 것이다. 뿐만 아니라 나라의 정치도 이와 같다. 백성을 좀먹는 무리들을 내버려두었다가는 백성들이 도탄에 빠지고 나라가 위태롭게 된다. 그런 연후에 급히 바로잡으려 하면 이미 썩어 버린 재목처럼 때는 늦은 것이다. 어찌 삼가지 않겠는가.

① 모든 일에 기초를 튼튼히 해야 한다.
② 청렴한 인재 선발을 통해 정치를 개혁해야 한다.
③ 잘못을 알게 되면 바로 고쳐 나가는 자세가 중요하다.
④ 훌륭한 위정자가 되기 위해서는 매사 삼가는 태도를 지녀야 한다.

풀이종료시간 : [　　　] − [　　　]
풀이소요시간 : [　　　]분 [　　　]초

2　다음 글의 제목으로 가장 적절한 것을 고르시오.

　　현재 하천수 사용료는 국가 및 지방하천에서 생활·공업·농업·환경개선·발전 등의 목적으로 하천수를 취수할 때 허가를 받고 사용료를 납부하도록 하고 있다. 또한 사용료 징수주체를 과거에는 국가하천은 국가, 지방하천은 지자체에서 허가하던 것을 2008년부터 하천수 사용의 허가 체계를 국토교통부로 일원화하여 관리하고 있다.

　　이를 위하여 크게 두 가지, 즉 하천 점용료 및 사용료 징수의 강화 및 현실화와 친수구역개발에 따른 개발이익의 환수와 활용에 대하여 보다 구체적인 실현방안을 추진하여 안정적이고 합리적 물 관리 재원 조성 기반을 확보하여야 한다. 하천시설이나 점용 시설에 대한 국가 관리기능 강화와 이에 의거한 점·사용료 부과·징수 기능을 확대하여야 한다. 그리고 실질적인 편익을 기준으로 하는 점·사용료 부과 등을 추진하는 것이 주효할 것이다. 국가하천정비사업 등을 통하여 조성·정비된 각종 친수시설이나 공간 등에 대한 국가 관리 권한의 확대를 통해 하천 관리의 체계성·계획성을 제고하여 나가야 한다. 다음으로 친수 구역에 대한 개발이익을 환수하여 하천구역 및 친수관리구역의 통합적 관리·이용을 위한 재원으로의 활용을 추진할 필요가 있으며, 하천구역 정비·관리에 의한 편익을 향유하는 하천연접지역에서의 개발행위에 대해 수익자 부담원칙을 적용할 필요가 있다. 국민생활 밀착 공간, 환경오염 민감 지역, 국토방재 공간이라는 다면적 특성을 지닌 하천연접지역의 체계적이고 계획적인 관리와 이를 위한 재원 마련이 하천관리의 핵심적인 이슈이기 때문이다.

① 하천수 사용자에 대한 이익 환수 강화
② 하천수 사용료 제도의 실효성 확보
③ 국가의 하천 관리 개선 방안 제시
④ 현실적인 하천수 요금체계로의 전환

┃3~4┃ 다음 문장들을 순서에 맞게 배열한 것을 고르시오.

3

> (가) 국민들의 지식과 정보의 빠른 변화에 적응해야 국가 경쟁력도 확보될 수 있는 것이다.
> (나) 그러나 평균 수명이 길어지고 사회가 지식 기반 사회로 변모해감에 따라 평생 교육의 필요성이 날로 높아지고 있다.
> (다) 현재 우리나라의 교육열이 높다는 것은 학교 교육에 한할 뿐이고 그마저 대학 입학을 위한 것이 거의 전부이다.
> (라) 더구나 산업 분야의 구조 조정이 빈번한 이 시대에는 재취업 훈련이 매우 긴요하다.

① (가) - (나) - (라) - (다)   ② (가) - (라) - (나) - (다)
③ (다) - (나) - (라) - (가)   ④ (다) - (라) - (나) - (가)

4

> (가) 인물 그려내기라는 말은 인물의 생김새나 차림새 같은 겉모습을 그려내는 것만 가리키는 듯 보이기 쉽다.
> (나) 여기서 눈에 보이는 것의 대부분을 뜻하는 공간에 대해 살필 필요가 있다. 공간은 이른바 공간적 배경을 포함한, 보다 넓은 개념이다.
> (다) 하지만 인물이 이야기의 중심적 존재이고 그가 내면을 지닌 존재임을 고려하면, 인물의 특질을 제시하는 것의 범위는 매우 넓어진다. 영화, 연극 같은 공연 예술의 경우, 인물과 직접적 · 간접적으로 관련된 것들, 무대 위나 화면 속에 자리해 감상자의 눈에 보이는 것 거의 모두가 인물 그려내기에 이바지한다고까지 말할 수 있다.
> (라) 그것은 인물과 사건이 존재하는 곳과 그곳을 구성하는 물체들을 모두 가리킨다. 공간이라는 말이 다소 추상적이므로, 경우에 따라 그곳을 구성하는 물체들, 곧 비나 눈 같은 기후 현상, 옷, 생김새, 장신구, 가구, 거리의 자동차 등을 '공간소'라고 부를 수 있다.

① (가) - (나) - (다) - (라)
② (가) - (다) - (나) - (라)
③ (가) - (라) - (나) - (다)
④ (라) - (나) - (가) - (다)

5 다음 주어진 문장이 들어갈 위치로 가장 적절한 곳을 고르시오.

> 유명인의 이미지가 여러 상품으로 분산되면 광고 모델과 상품 간의 결합력이 약해질 것이다. 이는 유명인 광고 모델의 긍정적인 이미지를 광고 상품에 전이하여 얻을 수 있는 광고 효과를 기대하기 어렵게 만든다.

> 유명인의 중복 출연은 과연 높은 광고 효과를 보장할 수 있을까? 유명인이 중복 출연하는 광고의 효과를 점검해 볼 필요가 있다.
>
> 어떤 모델이든지 상품의 특성에 적합한 이미지를 갖는 인물이어야 광고 효과가 제대로 나타날 수 있다. ㈎
>
> 유명인의 중복 출연이 소비자가 모델을 상품과 연결시켜 기억하기 어렵게 한다는 점도 광고 효과에 부정적인 영향을 미친다. ㈏
>
> 또한 유명인의 중복 출연 광고는 광고 메시지에 대한 신뢰를 얻기 힘들다. ㈐
>
> 유명인 모델의 광고 효과를 높이기 위해서는 유명인이 자신과 잘 어울리는 한 상품의 광고에만 지속적으로 나오는 것이 좋다. ㈑
>
> 여러 광고에 중복 출연하는 유명인이 많아질수록 외견상으로는 중복 출연이 광고 매출을 증대시켜 광고 산업이 활성화되는 것으로 보일 수 있다. 하지만 모델의 중복 출연으로 광고 효과가 제대로 나타나지 않으면 광고비가 과다 지출되어 결국 광고주와 소비자의 경제적인 부담으로 이어진다. 유명인을 비롯한 광고 모델의 적절한 선정이 요구되는 이유가 여기에 있다. ㈒

① ㈎

② ㈏

③ ㈐

④ ㈑

┃6~7┃ 다음을 읽고, 빈칸에 들어갈 내용으로 가장 알맞은 것을 고르시오.

6

> 역사적 사실(historical fact)이란 무엇인가? 이것은 우리가 좀 더 꼼꼼히 생각해 보아야만 하는 중요한 질문이다. 상식적인 견해에 따르면, 모든 역사가들에게 똑같은, 말하자면 역사의 척추를 구성하는 어떤 기초적인 사실들이 있다. 예를 들면 헤이스팅스(Hastings) 전투가 1066년에 벌어졌다는 사실이 그런 것이다. 그러나 이 견해에는 명심해야 할 두 가지 사항이 있다. 첫째로, 역사가들이 주로 관심을 가지는 것은 그와 같은 사실들이 아니라는 점이다. 그 대전투가 1065년이나 1067년이 아니라 1066년에 벌어졌다는 것, 그리고 이스트본(Eastbourne)이나 브라이턴(Brighton)이 아니라 헤이스팅스에서 벌어졌다는 것을 아는 것은 분명히 중요하다. 역사가는 이런 것들에서 틀려서는 안 된다. 하지만 나는 이런 종류의 문제들이 제기될 때 _____라는 하우스먼의 말을 떠올리게 된다. 어떤 역사가를 정확하다는 이유로 칭찬하는 것은 어떤 건축가를 잘 말린 목재나 적절히 혼합된 콘크리트를 사용하여 집을 짓는다는 이유로 칭찬하는 것과 같다.

① '정확성은 의무이며 곧 미덕이다'
② '정확성은 미덕이지 의무는 아니다'
③ '정확성은 의무도 미덕도 아니다'
④ '정확성은 의무이지 미덕은 아니다'

7

> 우리 민족은 반만년의 역사만큼이나 오랜 문화적 전통을 지니고 있다. 현재까지 남아 있는 문화재들은 찬란한 우리 문화의 일면을 잘 보여 준다. 그리고 그 동안 숱한 전란을 겪으면서 많은 문화재가 소실되거나 파괴되었다. 이러한 우리 문화의 현실은 관광 산업을 위축시키는 한 요인으로 작용하기도 한다. 외국 관광객들이 우리나라를 방문했을 때, 볼만한 문화재가 없다면 관광의 욕구가 충족되지 못할 것은 자명하기 때문이다. 따라서 _____

① 다양한 문화 관광시설을 설립하여야 한다.
② 문화재 복원을 통해 관광 산업을 활성화시키도록 해야 한다.
③ 외국의 관광객들이 익숙할만한 외국의 관광시설을 본받아야 한다.
④ 한국을 찾아온 외국인 관광객들에게 친절하게 대해야 한다.

8 다음 글에 대한 이해로 적절하지 않은 것은?

세계관은 세계의 존재와 본성, 가치 등에 관한 신념들의 체계이다. 세계를 해석하고 평가하는 준거인 세계관은 곧 우리 사고와 행동의 토대가 되므로, 우리는 최대한 정합성과 근거를 갖추도록 노력해야 한다. 모순되거나 일관되지 못한 신념은 우리의 사고와 행동을 혼란시킬 것이므로 세계관에 대한 관심과 검토는 중요하다. 세계관을 이루는 여러 신념 가운데 가장 근본적인 수준의 신념은 '세계는 존재한다.'이다. 이 신념이 성립해야만 세계에 관한 다른 신념, 이를테면 세계가 항상 변화한다든가 불변한다든가 하는 등의 신념이 성립하기 때문이다.

실재론은 이 근본적 신념에 덧붙여 세계가 '우리 정신과 독립적으로' 존재함을 주장한다. 내가 만들어 날린 종이비행기는 멀리 날아가, 볼 수 없게 되었다 해도 여전히 존재한다. 이는 명확해서 논란의 여지가 없어 보이지만, 반실재론자는 이 상식에 도전한다. 유명한 반실재론자인 버클리는 세계의 독립적 존재를 부정한다. 그에 따르면, 우리가 감각 경험에 의존하지 않고는 세계를 인식할 수 없다고 한다. 그는 이를 바탕으로 세계에 관한 주장을 편다. 그에 의하면 '주관적' 성질인 색깔, 소리, 냄새, 맛 등은 물론, '객관적'으로 성립한다고 여겨지는 형태, 공간을 차지함, 딱딱함, 운동 등의 성질도 오로지 우리가 감각할 수 있을 때만 존재하는 주관적 속성이다. 세계 속의 대상과 현상이란 이런 속성으로 구성되므로 세계는 감각으로 인식될 때만 존재한다는 것이다.

버클리의 주장은 우리의 통념과 충돌한다. 당시 어떤 사람이 돌을 차면서 "나는 이렇게 버클리를 반박한다!"라고 외쳤다고 한다. 그는 날아간 돌이 엄연히 존재한다는 점을 근거로 버클리의 주장을 반박하고자 한 것이다. 그러나 버클리를 비롯한 반실재론자들이 부정한 것은 세계가 정신과 독립하여 그 자체로 존재한다는 신념이다. 따라서 돌을 찬 사람은 그들을 제대로 반박하지 못했다고 볼 수 있다.

최근까지도 새로운 형태의 반실재론이 제기되어 활발한 논의가 진행 중이다. 논증의 성패를 떠나 반실재론자는 타성에 젖은 실재론적 세계관의 토대에 대해 성찰할 기회를 제공한다. 또한 세계관에 대한 도전과 응전의 반복은 그 자체로 인간 지성이 상호 소통하면서 발전해 가는 과정을 보여준다.

① 실재론과 반실재론 사이의 논쟁은 현재에도 지속되고 있다.
② 세계관은 우리의 사고나 행동의 토대가 되는 신념 체계이다.
③ 실재론과 달리 반실재론은 세계가 존재하지 않는다고 주장한다.
④ 세계가 존재한다는 신념은 세계가 불변한다는 신념보다 더 근본적이다.

9 다음 글을 읽고 '법'과 '정치'의 관계를 설명한 것으로 적절하지 않은 것은?

우리가 살아가면서 부딪치는 숱한 문제들은 너무 복잡다단하여 모든 것을 법에만 의존해 해결하는 것은 효율성도 떨어지고 현실적으로 가능하지도 않다. 법은 공동생활이 기본적으로 지향해야 할 목표를 제시하고, 그 실현 방법과 절차에 대한 기본적 기준만을 설정하게 된다. 공동의 관심사와 이해관계를 조정하기 위한 구체적인 실천은 정치의 몫에 해당한다. 한편 법은 정치의 결과물이자 수단이기도 하다. 법이 내용으로 하는 공동체의 목표나 정치의 방법 또는 절차를 결정하는 것이 바로 정치의 일부분이기 때문이다.

이로 보아 법과 정치는 서로 순환 관계에 있다고 할 수 있다. 다시 말해 정치는 법을 만들지만 법은 다시 정치를 규제하려는 관계에 있는 것이다. 정치가 법을 만드는 과정에 몰두하면 법은 정치의 시녀에 불과하게 되고, 정치가 법의 규율을 받는 측면을 강조하면 정치의 역동성은 사라진다. 그런데 정치와 법이 이처럼 꼭 충돌하는 관계에 있는 것만은 아니다. 둘 다 인간의 공동생활에 꼭 필요한 요소로, 이들은 상호 의존할 수밖에 없는 관계에 있기도 하다. 즉, 정치는 법을 통하지 않고는 안정적으로 이해 조정의 목적을 달성할 수 없다. 법 없는 정치는 입헌주의가 극복하고자 했던 권력자의 자의적이고 원칙 없는 지배를 의미하며, 이는 공동체의 파행과 불안정을 낳을 뿐이다.

법은 정치가 안정되고 사람들이 법을 제대로 준수할 때에만 그 실효성을 확보할 수 있다. 법을 지키는 것이 오히려 개인에게 손해를 초래한다고 여기는 경우가 많으면 법은 우리를 옥죄는 굴레일 뿐이며, 정치적인 혼란으로 누구도 법을 지키려 하지 않는다면 법은 종이호랑이로 전락하게 될 것이다. 결국 정치가 법을 무시하는 상황, 즉 법의 내용을 법의 적용 대상이 되는 당사자들에게 관철시키는 제도적 장치가 결여되면 법은 정당성과 그 존재 의의를 상실하게 된다. 그러므로 법이 정치의 역동적인 기능을 훼손하지 않는 범위 내에서 정치를 규율하고 서로 보완해 줄 때 공동체의 안정과 발전을 꾀할 수 있다.

그렇다면 법과 정치의 관계를 균형적으로 유지하면서 공동체의 건전한 발전을 이루기 위해서는 어떻게 해야 하는가? 이때 가장 먼저 염두에 두어야 할 것은 법과 정치가 서로 균형 관계를 이루는 데 중요한 기능을 하는 것이 이 둘의 교차 지점에 존재하는 특수한 법으로서의 헌법이라는 점이다. 헌법은 기존의 사회에서도 존재하던 인간들의 세부적인 일상생활을 규율하는 일반법들과는 그 성격이 다르다. 헌법은 법의 형성과 집행이라는 정치 과정 자체를 규율하는 것을 목적으로 삼는다는 점에서 정치 현실과 밀접한 관계를 갖는다. 정치가 지향하는 가치를 직접적으로 법의 내용으로 수용한다는 점에서도 강한 정치성을 띤다.

이렇듯 강한 정치성을 가지는 헌법은 형식면에서도 일반법과는 다른 체제를 지향한다. 일반법은 구체적 현실에 곧바로 적용되기 쉽도록 비교적 세세하게 규정하지만 헌법은 정치 관계의 상황을 고려하여 포괄적이고 추상적인 표현을 통해 기본 원칙을 제시하는 것이 특징이다. 이러한 포괄적 원리들이 정치의 기본적 활동을 설정하면 정치는 스스로의 목적 달성을 위해 헌법이 추구하는 가치들을 구체화할 수 있는 자율성을 확보하게 된다. 우리 헌법이 국민 주권주의, 대의제, 법치주의, 권력 분립과 같은 정치를 규율하는 여러 가지 기본 원칙을 명시적으로 혹은 암시적으로 밝혀 놓고 있는 것이 그러한 예이다.

① 정치의 혼란은 법을 무용지물로 만들 수 있다.

② 법은 정치의 과정에 관여하고 정치를 규제한다.

③ 정치의 지향성이 법의 내용에 반영되기도 한다.

④ 법의 실효성의 확보는 정치의 역동성이 전제되어야 가능하다.

10 다음 글의 내용과 일치하지 않는 것은?

> 돈으로 사람들에게 동기를 부여하는 것은 가장 값비싼 방식이면서도 그리 효과적이지 않다. 미국 마이애미에서 해상 순찰을 하는 세관원들은 자동 소총으로 무장을 하고 있다. 그러나 그들은 마약 밀매선을 향해 총을 쏜 적이 없다고 하며, 정부에서 받는 월급 때문에 자신의 목숨을 위태롭게 할 생각은 없다고 잘라 말한다. 마약 밀매꾼들이 총을 쏘지 않는 한 연방 관리들도 총을 쏘지 않는다는 무언의 협정이 있기 때문이다.
>
> 이런 상황을 어떻게 바꿀 수 있을까? 우선 기꺼이 위험을 감수할 만큼 급료를 충분히 올려 주는 방법이 있다. 그렇다면 얼마를 주면 될까? 마이애미로 밀매선을 타고 들어오는 밀수꾼이 벌어들이는 수입에 맞먹는 액수면 충분할까? 이런 물음에 대한 대답은 어느 정도 나와 있다. 사람들은 돈에 목숨까지 걸지는 않는다. 경찰관, 소방관, 군인들은 돈 때문에 목숨을 바치는 것이 아니다. 그들이 목숨 바쳐 일하는 것은 자신의 생명과 육신의 안녕을 과감히 버릴 수 있도록 만드는 사회 규범, 즉 자기 직업과 임무에 대한 사명감 때문이다.
>
> 생산성이 점점 더 노동자의 능력과 노력에 좌우되고 있다는 사실을 염두에 둔다면 기업의 입장에서 이런 문제는 자못 심각하다. 더군다나 더 많은 비용을 들이지 않고도 노동자들의 자발적인 능력(能力)과 노력(努力)을 이끌어 내어 생산성을 높일 수 있다면 더욱 솔깃하다. 우리는 돈에 어느 정도 끌린다. 하지만 장기적 관점에서 볼 때 더 중요한 영향을 미치는 힘은 사회 규범이다. 따라서 성과나 경쟁, 월급 등에 초점을 맞출 것이 아니라 사업의 목적, 사명감, 자부심 등을 사람들 마음속에 스며들게 하는 것이 더 나을 수 있다. 사회 질서를 유지하고 청소년들을 마약의 위험으로부터 지켜내는 경찰관들이나 소방관들을 치하하듯이 그들의 직업을 치하하는 것이다. 그러면서 동시에 기업이 육아 및 집세 보조, 자유 근무 제도, 체력 단련실, 구내 매점, 가족 야유회 등의 실질적 혜택과 편의를 제공하여 노동자들의 정서적 감응도 이끌어 내는 것이다. 이러한 혜택과 편의들은 고용주와 노동자라는 분명한 시장 교환적 관계를 사회 규범적 관계로 전환시킨다. 사회 규범적 관계가 형성된 직원들은 일에 대하여 열의와 성실성, 회사에 대한 애정을 보이며, 충성도가 약한 시장에서도 충실히 일하도록 동기를 부여받는다.

① 돈으로 노동자들의 생산성을 높이는 것은 한계가 있다.

② 경찰관이나 소방관은 사명감 때문에 목숨을 바치기도 한다.

③ 최근 경찰관이 위험한 상황에 노출되는 일이 더욱 많아졌다.

④ 기업은 실질적 혜택과 편의를 제공하여 생산성을 높일 수 있다.

11 다음은 전기요금 계산 안내문이다. 영희는 주택용 전력 고압 350kWh를 사용하고, 민수는 주택용 전력 저압 250kWh를 사용한다면, 영희와 민수의 전기요금 합산 금액으로 옳은 것은?

전력		기본요금(원/호)	전력량 요금(원/kWh)
200kWh 이하	저압	900	90
	고압		70
400kWh 이하	저압	1,800	180
	고압	1,200	150
400kWh 초과	저압	7,200	270
	고압	6,300	210

- 전력량 요금은 200kWh를 기준으로 끊어 계산한다.
- 예 : 저압 300kWh 사용 → 200kWh까지 90원으로 계산＋남은 전력은 180원으로 계산
- 필수사용량 보장공제 : 200kWh 이하 사용
- 저압 : 월 4,000원 감액(감액 후 최저요금 1,000원)
- 고압 : 월 2,500원 감액(감액 후 최저요금 1,000원)
- 슈퍼유저요금(7~8월, 12~2월)
- 저압 : 1,000kWh 초과 전력량 요금은 720원/kWh 적용
- 고압 : 1,000kWh 초과 전력량 요금은 590원/kWh 적용

① 66,000원
② 66,500원
③ 67,000원
④ 67,500원

┃12~13┃ 다음의 말이 전부 참일 때 항상 참인 것을 고르시오.

12

- 회사에 가장 일찍 출근하는 사람은 부지런하다.
- 여행을 갈 수 있는 사람은 명진이와 소희다.
- 부지런한 사람은 특별 보너스를 받을 것이다.
- 특별 보너스를 받지 못하면 여행을 갈 수 없다.

① 회사에 가장 늦게 출근하는 사람은 게으르다.
② 특별 보너스를 받는 방법은 여러 가지이다.
③ 회사에 가장 일찍 출근하지 않으면 특별 보너스를 받을 수 없다.
④ 소희는 부지런하다.

13

- 영수는 철수보다 키가 크다.
- 수현이는 지현이보다 키가 크다.
- 준희는 준수보다 키가 작다.
- 준희는 수현이와 키가 같다.

① 영수는 준희와 키가 같다.
② 준수는 지현이보다 키가 크다.
③ 철수는 준희보다 키가 작다.
④ 준수와 수현이의 키는 비교할 수 없다.

14 다음 글의 내용과 날씨를 근거로 판단할 경우 A가 출장을 다녀온 시기로 가능한 것은?

- A는 비행기로 '한국→중국→일본→중국→한국' 순으로 3박 4일의 출장을 다녀왔다.
- '한국→중국' 항공은 매일 오전 10시, '중국→한국'은 매일 오후 3시에 출발하며, 편도 운항에 3시간이 소요된다.
- 중국에서 출발하여 일본을 돌아보는 항공은 매주 화·목요일 오전 8시에 출발하여 당일 오전 11시에 돌아온다.
- 최대 풍속이 30knot 이상인 날은 모든 노선의 비행기가 이륙하지 않는다.
- A는 매주 금요일에 술을 마시는데, 그 다음날을 멀미로 비행기를 탈 수 없다.
- 이번 출장 중 A는 중국 전통 무술 체험을 했는데, 이 체험은 매주 월·금요일 오후 6시에만 할 수 있다.

일	월	화	수	목	금	토
12	13	14	15	16	17	18
14knot	18knot	32knot	27knot	28knot	37knot	20knot
19	20	21	22	23	24	25
17knot	33knot	28knot	27knot	15knot	32knot	33knot

① 13~16일 ② 16~19일
③ 19~22일 ④ 21~24일

15 빨간색, 파란색, 노란색 구슬이 하나씩 있다. 이 세 개의 구슬을 A, B, C 세 사람에게 하나씩 나누어 주고, 세 사람 중 한 사람만 진실을 말하도록 하였더니 구슬을 받고 난 세 사람이 다음과 같이 말하였다. 빨간색, 파란색, 노란색의 구슬을 받은 사람을 차례대로 나열한 것은?

- A : 나는 파란색 구슬을 가지고 있다.
- B : 나는 파란색 구슬을 가지고 있지 않다.
- C : 나는 노란색 구슬을 가지고 있지 않다.

① A-B-C ② A-C-B
③ C-A-B ④ C-B-A

16 다음 중 창의적인 사고에 대한 설명으로 옳지 않은 것은?

① 문제를 다른 방법으로 해결하기 위해 노력한다.

② 새롭고 신기한 것이라면 유용성은 중요하지 않다.

③ 확산적인 사고로 아이디어가 많고 다양한 것을 의미한다.

④ 통상적인 것이 아니라 기발하거나 독창적인 것이다.

17 주어진 결론을 반드시 참으로 하는 전제를 고르시오.

전제1 : _____

전제2 : 어떤 사원은 탁월한 성과를 낸다.

결론 : 사전교육을 받은 어떤 사원은 탁월한 성과를 낸다.

① 모든 사원은 사전교육을 받는다.　　　② 어떤 사원은 사전교육을 받는다.

③ 모든 신입사원은 사전교육을 받는다.　　④ 어떤 신입사원은 사전교육을 받는다.

18 주어진 글을 읽고 바르게 서술된 것을 고르시오.

　　왼쪽 길은 마을로 가고, 오른쪽 길은 공동묘지로 가는 두 갈래로 나누어진 길 사이에 장승이 하나 있는데, 이 장승은 딱 두 가지 질문만 받으며 두 질문 중 하나는 진실로, 하나는 거짓으로 대답한다. 또한 장승이 언제 진실을 얘기할지 거짓을 얘기할지 알 수 없다. 마을로 가기 위해 찾아온 길을 모르는 한 나그네가 규칙을 다 들은 후에 장승에게 다음과 같이 질문했다. "너는 장승이니?" 장승이 처음 질문에 대답한 후에 나그네가 다음 질문을 했다. "오른쪽 길로 가면 마을이 나오니?" 이어진 장승의 대답 후에 나그네는 한쪽 길로 사라졌다.

① 나그네가 길을 찾을 수 있을지 없을지는 알 수 없다.

② 장승이 처음 질문에 "그렇다."라고 대답하면 나그네는 마을을 찾아갈 수 없다.

③ 장승이 처음 질문에 "아니다."라고 대답하면 나그네는 마을을 찾아갈 수 없다.

④ 장승이 처음 질문에 무엇이라 대답하든 나그네는 마을을 찾아갈 수 있다.

19 엘사, 안나, 올라프, 스벤 네 사람은 함께 파티에 참석하기로 했다. 모자, 옷, 신발을 빨간색, 파란색, 노란색, 검은색 색깔별로 총 12개의 물품을 공동으로 구입하여, 각 사람은 각각 다른 색의 모자, 옷, 신발을 하나씩 빠짐없이 착용하기로 했다. 예를 들어 어떤 사람이 빨간 모자, 파란 옷을 착용한다면, 신발은 노란색 또는 검은색으로 착용해야 한다. 이 조건에 따를 때, 반드시 참이 되는 것은?

> • 선호하는 것을 배정받고, 싫어하는 것은 배정받지 않는다.
> • 엘사는 빨간색 옷을 선호하고, 파란색 신발을 싫어한다.
> • 안나는 노란색 옷을 싫어하고, 검은색 신발을 선호한다.
> • 올라프는 검은색 옷을 싫어한다.
> • 스벤은 빨간색을 싫어한다.

① 엘사는 검은 모자를 배정받는다.

② 안나는 노란 모자를 배정받는다.

③ 올라프는 파란 신발을 배정받는다.

④ 스벤은 검은 옷을 배정받는다.

20 어느 기업의 부장진급시험에서 A, B, C, D, E, F, G 7명 중 2명만 부장으로 진급했다. 사원 1~4가 부장진급시험에 대해 알고 있는 정보를 다음과 같이 이야기하였다. 다음 중 확실히 부장으로 진급한 사람은?

> 사원 1 : A, B, C, D 중에서 1명밖에 진급하지 못했다더라.
> 사원 2 : B, G는 모두 떨어졌다던데?
> 사원 3 : E도 떨어졌데.
> 사원 4 : B, C, D 중 1명만 진급했고, E, F, G 중 1명만 진급했더라고.

① A

② C

③ D

④ F

21 K회사에서는 1년에 한 명을 선발하여 해외연수를 보내주는 제도가 있다. A, B, C, D 네 명이 지원한 가운데 '선발기준'과 '지원자 현황'을 참고하여 선발될 확률이 가장 높은 사람을 고르시오.

〈지원자 현황〉

구분	A	B	C	D
포상	2	4	0	5
근무 경력	27년	25년	13년	4년

〈선발 기준〉

구분	외국어 성적	근무 경력	포상	근무 성적	계
점수	50	20	20	10	100
비고		100%: 15년 이상 70%: 10년 이상 50%: 10년 미만	100%: 3회 이상 50%: 1~2회 1회 미만은 0점		

※ 근무 경력은 최소 5년 이상인 자만 선발 자격이 있다.

※ 외국어 성적은 A와 B가 만점 대비 50%이며, C가 80%, D가 100%이다.

※ 근무 성적은 B가 만점이고 나머지는 만점 대비 90%이다.

① A

② B

③ C

④ D

22 S기관은 업무처리시 오류 발생을 줄이기 위해 2016년부터 오류 점수를 계산하여 인사고과에 반영한다고 한다. 이를 위해 매월 직원별로 오류 건수를 조사하여 오류 점수를 다음과 같이 계산한다고 할 때, 가장 높은 오류 점수를 받은 사람은 누구인가?

〈오류 점수 계산 방식〉
• 일반 오류는 1건당 10점, 중대 오류는 1건당 20점씩 오류 점수를 부과하여 이를 합산한다.
• 전월 우수사원으로 선정된 경우, 합산한 오류 점수에서 80점을 차감하여 월별 최종 오류 점수를 계산한다.

〈S기관 벌점 산정 기초자료〉

직원	오류 건수(건)		전월 우수사원 선정 여부
	일반 오류	중대 오류	
A	5	20	미선정
B	10	20	미선정
C	15	15	선정
D	20	10	미선정

① A
② B
③ C
④ D

23 다음 사례를 읽고 분석한 내용으로 옳지 않은 것은?

경수는 영화를 보기 위해 5,000원을 지불하고 영화표를 예매하였다. 하지만 영화를 보기로 한 날 갑작스럽게 친구가 등산을 가자고 제안하였다. 경수는 잠시 고민하였지만 결국 영화를 보기로 결정하고 친구와의 등산은 다음으로 미뤘다. 여기서 영화 관람과 등산에 소요되는 시간은 동일하고 경수에게 영화 관람의 편익은 10,000원이고 등산의 편익은 3,000원이다. 또한 영화표의 환불이나 양도는 불가하다.

① 영화 관람과 등산 중 경수에게 더 큰 실익을 주는 것은 영화관람이다.
② 영화 관람으로 인한 기회비용은 3,000원이다.
③ 경수가 영화를 관람하기로 한 것은 합리적 선택이다.
④ 영화 관람을 위해 지불한 5,000원은 회수할 수 없는 한계비용이다.

24 다음은 여행사를 통해 구입한 전자항공권 내용의 일부이다. 항공권의 내용에 대한 설명 중 가장 옳지 않는 것은?

Passenger Name	Jang/Hyo-Mi		Booking Reference		810-1850
Ticket Number		1803841764936-937			
서울(ICN)-파리(CDG)	D901 (예약번호:EN2BD4)		14:00/18:00		17FEB16
파리(CDG)-Kishasa(FIH)	A898 (예약번호:3DGM20)		10:50/18:40		18FEB16
Kishasa(FIH)- 아디스아바바(ADD)	E831 (예약번호:3DGM20)		13:45/20:05		21FEB16
아디스아바바(ADD)- 두바이(DXB)	E724 (예약번호:ES66X3)		19:35/00:35		24FEB16
두바이(DXB)-서울(ICN)	D5952 (예약번호:EN2BD4)		03:00/16:00		25FEB16

① 전체 여정의 예약번호는 810-1850이다.

② 각 항공 일정의 개별 변경이 필요한 경우에는 개별 예약번호를 통해 변경해야 한다.

③ 두바이에서 출발하여 서울에 도착하는 날짜는 2월 26일이 될 것이다.

④ 서울에서 파리에 가는 항공편과 두바이에서 서울로 돌아오는 항공편은 같은 항공회사이다.

25 자원관리능력이 필요한 이유와 가장 관련 있는 자원의 특성은?

① 가변성

② 유한성

③ 편재성

④ 상대성

▌26~27▐ 다음 자료는 O회사 창고다음은 특정 시점 A국의 B국에 대한 주요 품목의 수출입 내역을 나타낸 것이다. 이를 보고 이어지는 물음에 답하시오.

(단위: 천 달러)

수출		수입		합계	
품목	금액	품목	금액	품목	금액
섬유류	352,165	섬유류	475,894	섬유류	828,059
전자전기	241,677	전자전기	453,907	전자전기	695,584
잡제품	187,132	생활용품	110,620	생활용품	198,974
생활용품	88,354	기계류	82,626	잡제품	188,254
기계류	84,008	화학공업	38,873	기계류	166,634
화학공업	65,880	플라스틱/고무	26,957	화학공업	104,753
광산물	39,456	철강금속	9,966	플라스틱/고무	51,038
농림수산물	31,803	농림수산물	6,260	광산물	39,975
플라스틱/고무	24,081	잡제품	1,122	농림수산물	38,063
철강금속	21,818	광산물	519	철강금속	31,784

26 다음 중 위의 도표에서 알 수 있는 A국↔B국간의 주요 품목 수출입 내용이 아닌 것은 어느 것인가? (언급되지 않은 품목은 고려하지 않는다)

① A 국은 B국과의 교역에서 수출보다 수입을 더 많이 한다.
② B 국은 1차 산업의 생산 또는 수출 기반이 A 국에 비해 열악하다고 볼 수 있다.
③ 양국의 상호 수출입 액 차이가 가장 적은 품목은 기계류이다.
④ A 국의 입장에서, 총 교역액에서 수출액이 차지하는 비중이 가장 큰 품목은 광산물이다.

27 A 국에서 무역수지가 가장 큰 품목의 무역수지 액은 얼마인가? (무역수지=수출액-수입액)

① 27,007천 달러
② 38,937천 달러
③ 186,010천 달러
④ 25,543천 달러

28 기업의 예산집행실적을 작성하려고 할 때 이에 대한 설명으로 옳지 않은 것은?

① 예산편성항목과 항목별 배정액을 작성하고 해당 항목에 대한 당월의 사용실적, 누적 실적을 기록한다.
② 잔액은 배정액에서 누적실적을 뺀 차이로 적고, 사용률은 누적 실적/배정액에 100을 곱하여 작성한다.
③ 비고는 어떤 목적으로 사용했는지에 대한 정보를 기입한다.
④ 예산항목의 지출이 초과되어야 예산집행실적이 좋은 것이다.

29 다음 사례에 대한 분석으로 가장 옳은 것은?

> L씨는 한가한 주말을 이용하여 식당에서 아르바이트를 하고 있다. 수입은 시간당 5천 원이고, 일의 양에 따라 피곤함이라는 비용이 든다. L씨가 하루에 일할 수 있는 시간과 이에 따른 수입(편익) 및 피곤함(비용)의 정도를 각각 화폐 단위로 환산하면 아래와 같다.
>
> (단위 : 원)
>
> | 시간 | 1 | 2 | 3 | 4 | 5 |
> |------|------|------|------|------|------|
> | 총편익 | 5,000 | 10,000 | 15,000 | 20,000 | 25,000 |
> | 총비용 | 2,000 | 5,000 | 11,000 | 20,000 | 30,000 |
>
> * 순편익=편익-비용

① L씨는 하루에 4시간 일하는 것이 합리적이다.
② L씨가 1시간 더 일할 때, 추가로 얻게되는 편익은 증가한다.
③ L씨가 1시간 더 일할 때, 추가로 발생하는 비용은 일정하다.
④ L씨는 아르바이트로 하루에 최대로 얻을 수 있는 순편익은 5,000원이다.

30 다음은 인사팀 직원 간의 대화이다. 직원 A~D 중 인력배치의 원칙과 유형에 대해 잘못 이해하고 있는 직원은?

> A : 이번에 새로 들어온 신입사원 甲이 배치 받은 부서에 잘 적응하지 못하고 있나봐.
>
> B : 그래? 인력배치를 할 때 甲의 능력이나 성격에 가장 적합하다고 생각하는 부서에다 배치하는 게 원칙 아니었어?
>
> A : 그렇지, 적재적소에 배치하는 것이 중요하잖아. 그런데 甲은 배치 받은 부서에 흥미가 없는 것 같아.
>
> C : 물론 甲의 적성이나 흥미에 따라 적성 배치를 할 수 있다면 좋겠지. 그렇지만 회사 입장에서는 업무량이 많은 부서에 더 많은 인원을 배치하려는 양적 배치도 고려할 수밖에 없어.
>
> B : 모든 신입직원에 대한 균형적인 배치는 잘 지켜진 거지? 甲만 적재적소에 대한 고려에서 빠졌을 수도 있잖아. 그렇다면 그건 인력배치의 원칙에 어긋나.
>
> D : 맞아, 그리고 능력을 발휘할 수 있는 기회를 부여하고 성과를 바르게 평가하여 능력과 실적에 따라 그에 상응하는 보상을 주는 보상주의도 중요해.

① A

② B

③ C

④ D

31 다음 중 팀제의 특성에 대한 설명으로 바르지 않은 것은?

① 팀의 자율적 운영을 통해 구성원의 자아욕구를 충족하고 성취감을 높인다.

② 경영환경에 유연하게 대처하지 못해 기업의 경쟁력을 제고할 수 없다.

③ 업무중심의 조직이므로 의사결정의 신속성과 기동성을 제고할 수 있다.

④ 구성원간의 이질성과 다양성의 결합과 활용을 통한 시너지 효과를 촉진한다.

32 다음은 Q기업의 조직도와 팀장님의 지시사항이다. 다음 중 J씨가 해야 할 행동으로 가장 적절한 것은?

[팀장 지시사항]

J씨, 다음 주에 신규직원 공채시작이지? 실무자에게 부탁해서 공고문 확인하고 지난번에 우리 부서에서 제출한 자료랑 맞게 제대로 들어갔는지 확인해주고 공채 절차하고 채용 후에 신입직원 교육이 어떻게 진행되는지 정확한 자료를 좀 받아와요.

① 홍보실에서 신규직원 공채 공고문을 받고, 인사부에서 신입직원 교육 자료를 받아온다.
② 인사부에서 신규직원 공채 공고문을 받고, 총무부에서 신입직원 교육 자료를 받아온다.
③ 인사부에서 신규직원 공채 공고문과 신입직원 교육 자료를 받아온다.
④ 총무부에서 신규직원 공채 공고문과 신입직원 교육 자료를 받아온다.

33 다음 글에 나타난 집단에 관한 설명으로 옳지 않은 것은?

－ ○○ 집단은 정서적인 뜻에서의 친밀한 인간관계를 겨누어 사람들의 역할관계가 개인의 특성에 따라 자연적이고 비형식적으로 분화되어 있는 집단을 말한다.
－ ○○ 집단은 호손 실험에 의하여 '제1차 집단의 재발견'으로 평가되었으며, 그 특질은 자연발생적이며 심리집단적이고 결합 자체를 목적으로 하여 감정의 논리에 따라 유동적ㆍ비제도적으로 행동하는 데 있다.
－ 관료적인 거대조직에 있어서 인간회복의 수단으로 ○○ 집단을 유효하게 이용하여 관료제의 폐단을 완화하려는 발상이 생겨났는데, 이를 인간관계적 어프로치라고 한다.

① 조직에서 오는 소외감을 감소시켜 준다.
② 조직에서 의식적으로 만든 집단으로 집단의 목표, 임무가 명확하게 규정되어 있다.
③ 조직구성원들의 요구에 따라 자발적으로 형성된 집단이다.
④ 조직구성원들의 사기(morale)와 생산력을 높여 준다.

34 다음 중 조직목표에 대한 설명 중 옳은 것은?

① 공식적인 목표인 사명은 측정 가능한 형태로 기술되는 단기적인 목표이다.
② 조직목표는 환경이나 여러 원인들에 의해 변동되거나 없어지지 않는다.
③ 구성원들이 자신의 업무만을 성실하게 수행하면 조직목표는 자연스럽게 달성된다.
④ 조직은 다수의 목표를 추구할 수 있으며 이들은 상하관계를 가지기도 한다.

┃35~37┃ 다음 설명을 읽고 분석결과에 대응하는 전략으로 바른 것을 고르시오.

SWOT전략은 강점(Strength), 약점(Weakness), 기회(Opportunity), 위협(Threat)의 머리글자를 모아 만든 단어로 경영전략을 수립하기 위한 분석도구이다. SWOT 분석을 통해 도출된 조직의 내부, 외부 환경을 분석 결과를 통해 대응하는 전략을 도출하게 된다.

SO전략은 기회를 활용하면서 강점을 더욱 강화하는 공격적인 전략이고, WO전략은 외부환경의 기회를 활용하면서 자신의 약점을 보완하는 전략으로 이를 통해 기업이 처한 국면의 전환을 가능하게 할 수 있다. ST전략은 외부환경의 위험요소를 회피하면서 강점을 활용하는 것이며, WT전략은 외부환경의 위험요소를 회피하고 자사의 약점을 보완하는 전략으로 방어적 성격을 갖는다.

내부환경 외부환경	강점	약점
기회	강점-기회 전략	약점-기회 전략
위협	강점-위협 전략	약점-위협 전략

35 다음 환경 분석결과에 대응하는 가장 적절한 전략은?

강점	• 탁월한 수준의 영어 실력 • 탁월한 수준의 인터넷 실력
약점	• 비명문대 출신 • 대학원진학에 대한 부모의 경제적 후원 어려움
기회	• 외국 기업의 국내 진출 활성화 • 능력 위주의 인사
위협	• 국내 대기업의 신입사원 채용 기피 • 명문대 출신 우대 및 사내 파벌화

외부환경＼내부환경	강점	약점
기회	① 국내 기업에 입사	② 명문대 대우해주는 대기업에 입사
위협	③ 대기업 포기, 영어와 인터넷 실력 원하는 중소기업 입사	④ 명문대 출신이 많은 기업에 입사

36 다음 환경 분석결과는 ○○학회의 문제를 제시한 것이다. 조직성과를 올리기 위한 전략을 도출하려고 할 때 이에 대응하는 가장 적절한 전략은?

강점	마케팅 수업과 스터디, 교수님과의 연계로 타 학생보다 높은 퀄리티를 가지고 있다.
약점	• 정해진 커리큘럼 없이 조직원들의 혼란이 있다. • 결속력이 약하고 조직원 간 커뮤니케이션의 부재와 조직 사기 저하가 일어났다.
기회	• 공모전이 취업에 높은 비중을 차지한다. • 공모전 증가로 참여 기회가 많아 졌다.
위협	• 외부 동아리, 연합 동아리 등이 증가하고 있다. • 학생들의 가입과 참여가 줄어들고 있다.

외부환경＼내부환경	강점	약점
기회	① 지도 교수의 지도로 최신 이론을 통해 수준 높은 퀄리티로 공모전에 참여한다.	② 목표를 설정하고 세분화하여 경쟁자를 줄인다.
위협	③ 차별화된 커리큘럼을 구성하여 타 동아리와의 차별성을 갖는다.	④ 공모전을 목표로 학회의 방향을 명확히 한다.

37 다음은 화장품 회사의 SWOT분석이다. 환경 분석결과에 대응하는 가장 적절한 전략은?

강점	• 화장품과 관련된 높은 기술력 보유 • 기초 화장품 전문 브랜드라는 소비자인식과 높은 신뢰도
약점	• 남성전용 화장품 라인의 후발주자 • 용량 대비 높은 가격
기회	• 남성들의 화장품에 대한 인식변화와 화장품 시장의 지속적인 성장 • 화장품 분야에 대한 정부의 지원
위협	• 경쟁업체들의 남성화장품 시장 공략 • 내수경기 침체로 인한 소비심리 위축

외부환경＼내부환경	강점	약점
기회	① 기초화장품 기술력을 통한 경쟁적 남성 기초화장품 개발	② 남성화장품 이외의 라인에 주력하여 경쟁력 강화
위협	③ 가격을 낮추어 타 업체들과 경쟁	④ 정부의 지원을 통한 제품의 가격 조정

38 다음 사례에서와 같은 조직 문화의 긍정적인 기능이라고 보기 어려운 것은 어느 것인가?

영업3팀은 팀원 모두가 야구광이다. 신 부장은 아들이 고교 야구선수라서 프로 선수를 꿈꾸는 아들을 위해 야구광이 되었다. 남 차장은 큰 딸이 프로야구 D팀의 한 선수를 너무 좋아하여 주말에 딸과 야구장을 가려면 자신부터 야구팬이 되지 않을 수 없다. 이 대리는 고등학교 때까지 야구 선수 생활을 했었고, 요즘 젊은 친구답지 않게 승현 씨는 야구를 게임보다 좋아한다. 영업3팀 직원들의 취향이 이렇다 보니 팀 여기저기엔 야구 관련 장식품들이 쉽게 눈에 띄고, 점심시간과 티타임에 나누는 대화는 온통 야구 이야기이다. 다른 부서에서는 우스갯소리로 야구를 좋아하지 않으면 아예 영업3팀 근처에 얼씬거릴 생각도 말라고 할 정도다.

부서 회식이나 단합대회를 야구장에서 하는 것은 물론이고 주말에도 식사 내기, 입장권 내기 등으로 직원들은 거의 매일 야구에 묻혀 산다. 영업3팀은 현재 인사처 자료에 의하면 사내에서 부서 이동률이 가장 낮은 조직이다.

① 구성원들에게 일체감과 정체성을 부여한다.
② 조직이 변해야 할 시기에 일치단결된 모습을 보여준다.
③ 조직의 몰입도를 높여준다.
④ 조직의 안정성을 가져온다.

| 39~40 | 다음은 (주)서원각의 사내 복지 제도에 대한 지원 내역을 정리한 것이다. 물음에 답하시오.

2015년 변경된 사내 복지 제도

① 주택지원 → 입사 3년차 이하 : 1인 가구 중 무주택자

　　　　　　　 입사 4년차 이상 : 본인 포함 가구원이 3명 이상인 사원 중 무주택자

② 경조사지원 → 본인/가족의 결혼, 회갑 등 각종 경조사, 본인 생일

　　　　　　　　 경조금, 화환 및 경조휴가 제공

③ 학자금지원 → 대학생 자녀의 학자금 지원

④ 기타　　　 → 상병 휴가, 휴직, 4대 보험 지원

2015년 1분기 지원 내역

성명	부서	직위	내역	변경 전	변경 후	금액(만 원)
김○○	영업부	과장	자녀 대학 진학	지원 불가	지원 가능	200
신○○	편집부	대리	결혼	변경사항 없음		10
김☆☆	편집부	차장	사택 제공	변경사항 없음		.
이○○	홍보부	사원	생일	상품권	기프트카드	5
류○○	기획부	대리	결혼	변경사항 없음		10
장○○	전략부	사원	병가	실비 지급	금액 추가	5(실비 제외)
윤○○	관리부	과장	부친상	변경사항 없음		10

39 다음은 위의 내용을 토대로 상사의 지시를 받은 L사원이 2015년도 1분기 복지제도 지원을 받은 자를 정리한 자료이다. 잘못된 부분으로 옳은 것은?

지원구분	성명
경조사	신○○, 류○○, 윤○○
학자금	김○○
주택	김☆☆
기타	장○○, 이○○

① 경조사　　　　　　　　　　② 학자금

③ 주택　　　　　　　　　　　④ 기타

40 L사원이 상사의 지시에 따라 변경 내용을 참고하여 새로운 사내 복지 제도를 정리하여 추가로 공지하려고 할 때, 포함되는 내용으로 옳지 않은 것은?

① 복지 제도 변경 전후 모두 생일에 현금은 지급되지 않습니다.

② 복지 제도 변경 후 대학생 자녀에 대한 학자금을 지원해 드립니다.

③ 복지 제도 변경 후 생일에는 5만 원 상당의 상품권이 제공됩니다.

④ 복지 제도 변경 전후 모두 경조사 지원금은 직위에 관계없이 동일한 금액으로 지급됩니다.

1 다음 글의 중심 내용으로 가장 적절한 것을 고르시오.

> 서로 공유하고 있는 이익의 영역이 확대되면 적국을 뚜렷이 가려내기가 어려워진다. 고도로 상호 작용하는 세계에서 한 국가의 적국은 동시에 그 국가의 협력국이 되기도 한다. 한 예로 소련 정부는 미국을 적국으로 다루는 데 있어서 양면성을 보였다. 그 이유는 소련이 미국을 무역 협력국이자 첨단 기술의 원천으로 필요로 했기 때문이다.
>
> 만일 중복되는 국가 이익의 영역이 계속 증가하게 되면 결국에 한 국가의 이익과 다른 국가의 이익이 같아질까? 그건 아니다. 고도로 상호 작용하는 세계에서 이익과 이익의 충돌은 사라지는 것이 아니라, 단지 수정되고 변형될 뿐이다. 이익이 자연스럽게 조화되는 일은 상호 의존과 진보된 기술로부터 나오지는 않을 것이다. 유토피아란 상호 작용 또는 기술 연속체를 한없이 따라가더라도 발견되는 것은 아니다. 공유된 이익의 영역이 확장될 수는 있겠지만, 가치와 우선 순위의 차이와 중요한 상황적 차이 때문에 이익 갈등은 계속 존재하게 될 것이다.

① 주요 국가들 간의 상호 의존적 국가 이익은 미래에 빠른 속도로 증가할 것이다.

② 국가 간에 공유된 이익의 확장은 이익 갈등을 변화시키기는 하지만 완전히 소멸시키지는 못한다.

③ 국가 이익은 기술적 진보의 차이와 상호 작용의 한계를 고려할 때 궁극적으로는 실현 불가능할 것이다.

④ 세계 경제가 발전해 가면서 더 많은 상호 작용이 이루어지고 기술이 발전함에 따라 국가 이익들은 자연스럽게 조화된다.

2　다음 글의 제목으로 가장 적절한 것을 고르시오.

　　1992년 6월에 브라질의 리우데자네이루에서 개최되었던 '유엔 환경 개발 회의'는 생물의 종에 대한 생각을 완전히 바꾸는 획기적인 계기를 마련하였다. 그 까닭은, 한 나라가 보유하고 있는 생물의 종 수는 곧 그 나라의 생물자원의 양을 가늠하는 기준이 되며, 동시에 장차 그 나라의 부를 평가하는 척도가 될 수 있다는 점을 일깨워 주었기 때문이다. 아울러, 생물 자원은 장차 국제 사회에서 자국의 이익을 대변하는 무기로 바뀔 수 있음을 예고하였다. 그래서 생물 자원의 부국들, 이를테면 브라질, 멕시코, 마다가스카르, 콜롬비아, 자이르, 오스트레일리아, 인도네시아 등은 현재 전 세계를 대표하는 경제 부국으로 일컬어지는 G(Group)−7 국가들처럼, 전 세계에서 생물 자원을 가장 많이 가지고 있는 자원 부국들이라 하여 'M(Megadiversity)−7 국가들'로 불리고 있다. 우연히도 G−7 국가들이 전 세계 부의 54%를 소유하고 있는 것처럼, 이들 M−7 국가들도 전 세계 생물 자원의 54%를 차지하고 있어서, 이들이 이 생물 자원을 무기로 삼아 세계의 강대국으로 군림할 날이 머지않았으리라는 전망도 나오고 있다.

　　생물 다양성이란, 어떤 지역에 살고 있는 생물 종의 많고 적음을 뜻하는 말이라고 할 수 있다. 한 지역에 살고 있는 생물의 종류가 많고 다양하다는 것은, 그 지역에 숲이 우거지고 나무들이 무성하며, 각종 동식물이 생활하기에 알맞은 풍요로운 환경을 이루고 있다는 것을 뜻한다. 따라서 이와 같은 환경 조건은 사람들이 살기에도 좋은 쾌적한 곳이 되기 때문에 생물 다양성은 자연 환경의 풍요로움을 평가하는 지표로 이용되기도 한다. 생물학적으로 생물 다양성이라는 말은 지구상에 서식하는 생물 종류의 다양성, 그러한 생물들이 생활하는 생태계의 다양성, 그리고 생물이 지닌 유전자의 다양성 등을 총체적으로 지칭하는 말이다.

　　20세기 후반에 들어와 인류는 이와 같이 중요한 의미를 지니고 있는 생물 자원이 함부로 다루어질 때 그 자원은 유한할 수 있다는 데 주목하였다. 실제로 과학자들은 지구상에서 생물 다양성이 아주 급격히 감소하고 있다는 사실을 깨닫고 크게 놀랐다.

　　그리고 이러한 생물 종 감소의 주된 원인은 그 동안 인류가 자연 자원을 남용해 이로 인하여 기후의 변화가 급격히 일어난 때문이며, 아울러 산업화와 도시화에 따른 자연의 파괴가 너무나 광범위하게 또 급격히 이루어졌기 때문이라는 사실을 알게 되었다.

　　이 생물 다양성 문제가 최근에 갑자기 우리의 관심 대상으로 떠오르게 된 것은, 단순히 쾌적하고 풍요로운 자연 환경에 대한 그리움 때문에서가 아니라 생물 종의 감소로 인하여 부각될 인류의 생존 문제가 심각하기 때문이다.

① 미래 산업과 유전 공학　　　　　　② 생물 자원과 인류의 미래
③ 국제 협약과 미래의 무기　　　　　④ 환경보호와 산업화의 공존

┃3~4┃ 다음 문장들을 순서에 맞게 배열한 것을 고르시오.

3

> (가) 이는 대중매체가 외래문화의 편향된 수용에 앞장서고 있기 때문이다.
>
> (나) 청소년들 사이에 문화사대주의의 현상이 널리 퍼져 있다.
>
> (다) 따라서 대중매체에서 책임의식을 가지고 올바른 문화관을 전파해야 한다.
>
> (라) 청소년은 어른들보다 새로운 가치에 대한 적응이 빠르므로 대중 매체의 영향을 크게 받는다.

① (나) − (라) − (가) − (다) ② (나) − (다) − (라) − (가)

③ (가) − (라) − (나) − (다) ④ (나) − (가) − (라) − (다)

4

> (가) 그러기에 절도는 동서고금을 막론하고 사회적 금기이다. 하지만 인간의 내부에는 저도에 대한 은밀한 욕망이 자리 잡고 있다. 절도는 적은 비용으로 많은 먹이를 획득하고자 하는 생명체의 생존욕구와 관련이 있을 것이다.
>
> (나) 절도는 범죄지만 인간은 한편으로 그 범죄를 합리화한다. 절도의 합리화는 부조리한 사회, 주로 재화의 분배에 있어 불공정한 사회를 전제로 한다. 그리고 한걸음 더 나아가 절도 행위자인 도둑을 찬미하기도 한다.
>
> (다) 따라서 사회적 금제 시스템이 무너졌을 때 절도를 향한 욕망은 거침없이 드러난다. 1992년 LA 폭동 때 우리는 그 야수적 욕망의 분출을 목도한 바 있다.
>
> (라) 혹 그 도둑이 약탈물을 달동네에 던져주기라도 하면 그는 의적으로 다시 태어나 급기야 전설이 되고 소설이 된다. 그렇게 해서 가난한 우리는 일지매에 빠져들고 장길산에 열광하게 되는 것이다.
>
> (마) 법은 절도를 금한다. 십계 중 일곱 번째 계명이 '도둑질하지 말라'이며, 고조선의 팔조금법에도 '도둑질을 하면 노비로 삼는다'는 내용이 포함되어 있다. 절도가 용인되면, 즉 개인의 재산을 보호하지 않으면 사회 자체가 붕괴된다.
>
> (바) 지위를 이용한 고위 공무원의 부정 축재와 부잣집 담장을 넘는 밤손님의 행위 사이에 어떤 차이가 있는가? 만약 그 도둑이 넘은 담장이 부정한 돈으로 쌓아올려진 것이라면 월장은 도리어 미화되고 찬양받는다.

① (마) − (가) − (다) − (나) − (바) − (라)

② (마) − (나) − (바) − (가) − (다) − (라)

③ (마) − (바) − (라) − (다) − (나) − (가)

④ (나) − (마) − (가) − (다) − (바) − (라)

5 다음 주어진 문장이 들어갈 위치로 가장 적절한 곳을 고르시오.

> 신체적인 측면에서 보면 잠든다는 것은 평온하고 안락한 자궁(子宮) 안의 시절로 돌아가는 것과 다름이 없다.

> 우리는 매일 밤 자신의 피부를 감싸고 있던 덮개(옷)들을 벗어 벽에 걸어 둘 뿐 아니라, 신체 기관을 보조하기 위해 사용하던 여러 도구를, 예를 들면 안경이나 가발, 의치 등도 모두 벗어 버리고 잠에 든다. ㈎ 여기에서 한 걸음 더 나아가면, 우리는 잠을 잘 때 옷을 벗는 행위와 비슷하게 자신의 의식도 벗어서 한쪽 구석에 치워 둔다고 할 수 있다. ㈏ 두 경우 모두 우리는 삶을 처음 시작할 때와 아주 비슷한 상황으로 돌아가는 셈이 된다. ㈐ 실제로 많은 사람들은 잠을 잘 때 태아와 같은 자세를 취한다. ㈑ 마찬가지로 잠자는 사람의 정신 상태를 보면 의식의 세계에서 거의 완전히 물러나 있으며, 외부에 대한 관심도 정지되는 것으로 보인다. ㈒

① ㈎   ② ㈏
③ ㈐   ④ ㈑

❙6~7❙ 다음을 읽고, 빈칸에 들어갈 내용으로 가장 알맞은 것을 고르시오.

6

> 힐링(Healing)은 사회적 압박과 스트레스 등으로 손상된 몸과 마음을 치유하는 방법을 포괄적으로 일컫는 말이다. 우리보다 먼저 힐링이 정착된 서구에서는 질병 치유의 대체요법 또는 영적·심리적 치료 요법 등을 지칭하고 있다.
>
> 국내에서도 최근 힐링과 관련된 갖가지 상품이 유행하고 있다. 간단한 인터넷 검색을 통해 수천 가지의 상품을 확인할 수 있을 정도다. 종교적 명상, 자연 요법, 운동 요법 등 다양한 형태의 힐링 상품이 존재한다. 심지어 고가의 힐링 여행이나 힐링 주택 등의 상품들도 나오고 있다.
>
> 그러나 _____ 우선 명상이나 기도 등을 통해 내면에 눈뜨고, 필라테스나 요가를 통해 육체적 건강을 회복하여 자신감을 얻는 것부터 출발할 수 있다.

① 힐링이 먼저 정착된 서구의 힐링 상품들을 참고해야 할 것이다.
② 많은 돈을 들이지 않고서도 쉽게 할 수 있는 일부터 찾는 것이 좋을 것이다.
③ 이러한 상품들의 값이 터무니없이 비싸다고 느껴지지는 않을 것이다.
④ 자신을 진정으로 사랑하는 법을 알아야 할 것이다.

7

_____ 왜냐하면 추위로부터 자신을 보호하기 위해서는 지방을 많이 비축하고 털이 발달되어야하기 때문에 영양분을 많이 섭취하여 몸집을 키우고, 몸집이 커지면 자연스럽게 밖으로 노출되는 표면적이 줄어들기 때문에 추운 지방에서 살기 적합한 몸이 되기 때문이다.

① 따뜻한 곳에 사는 동물은 추운 곳에 사는 동물보다 행동이 민첩하다.
② 추운 곳에 사는 동물들은 따뜻한 곳에 사는 동물보다 몸집이 크다.
③ 추운 곳에 사는 동물들은 동면을 한다.
④ 따뜻한 곳에서 사는 동물들은 추운 곳에 사는 동물보다 새끼를 잘 낳는다.

8 다음 글의 논지 전개 방식으로 적절한 것은?

전통적 의미에서 영화적 재현과 만화적 재현의 큰 차이점 중 하나는 움직임의 유무일 것이다. 영화는 사진에 결여되었던 사물의 운동, 즉 시간을 재현한 예술 장르이다. 반면 만화는 공간이라는 차원만을 알고 있다. 정지된 그림이 의도된 순서에 따라 공간적으로 나열된 것이 만화이기 때문이다. 만일 만화에도 시간이 존재한다면 그것은 읽기의 과정에서 독자에 의해 사후에 생성된 것이다. 독자는 정지된 이미지에서 상상을 통해 움직임을 끌어낸다. 그리고 인물이나 물체의 주변에 그어져 속도감을 암시하는 효과선은 독자의 상상을 더욱 부추긴다.

만화는 물리적 시간의 부재를 공간의 유연함으로 극복한다. 영화 화면의 테두리인 프레임과 달리, 만화의 칸은 그 크기와 모양이 다양하다. 또한 만화에는 한 칸 내부에 그림뿐 아니라, 말풍선과 인물의 심리나 작중 상황을 드러내는 언어적·비언어적 정보를 모두 담을 수 있는 자유로움이 있다. 그리고 그것이 독자의 읽기 시간에 변화를 주게 된다. 하지만 영화에서는 이미지를 영사하는 속도가 일정하여 감상의 속도가 강제된다.

영화와 만화는 그 이미지의 성격에서도 대조적이다. 영화가 촬영된 이미지라면 만화는 수작업으로 만들어진 이미지이다. 빛이 렌즈를 통과하여 필름에 착상되는 사진적 원리에 따른 영화의 이미지 생산 과정은 기술적으로 자동화되어 있다. 그렇기에 영화 이미지 내에서 감독의 체취를 발견하기란 쉽지 않다. 그에 비해 만화는 수작업의 과정에서 자연스럽게 세계에 대한 작가의 개인적인 해석을 드러내게 된다. 이것은 그림의 스타일과 터치 등으로 나타난다. 그래서 만화 이미지는 '서명된 이미지'이다.

촬영된 이미지와 수작업에 따른 이미지는 영화와 만화가 현실과 맺는 관계를 다르게 규정한다. 영화는 실제 대상과 이미지가 인과 관계로 맺어져 있어 본질적으로 사물에 대한 사실적인 기록이 된다. 이 기록의 과정에는 촬영장의 상황이나 촬영여건과 같은 제약이 따른다. 그러나 최근에는 촬영된 이미지들을 컴퓨터상에서 합성하거나 그래픽 이미지를 활용하는 디지털 특수 효과의 도움을 받는 사례가 늘고 있는데, 이를 통해 만화에서와 마찬가지로 실재하지 않는 대상이나 장소도 만들어 낼 수 있게 되었다.

만화의 경우는 구상을 실행으로 옮기는 단계가 현실을 매개로 하지 않는다. 따라서 만화 이미지는 그 제작 단계가 작가의 통제에 포섭되어 있는 이미지이다. 이 점은 만화적 상상력의 동력으로 작용한다. 현실과 직접적으로 대면하지 않기에 작가의 상상력에 이끌려 만화적 현실로 향할 수 있는 것이다.

① 두 대상에 대해서 전통적인 관점과 현대적인 관점으로 나누어 설명하고 있다.
② 두 대상을 비교하고 어떤 것이 현실을 더 잘 나타내는지에 대하여 결론을 내리고 있다.
③ 두 대상의 가장 큰 차이점에 초점을 맞추어 상세히 설명하고 있다.
④ 두 대상의 차이점을 여러 부분에서 비교하여 설명하고 있다.

┃9~10┃ 다음 글을 읽고 물음에 답하시오.

㈎ 전통주의는 냉전을 유발한 근본적 책임이 소련의 팽창주의에 있다고 보았다. 소련은 세계를 공산화하기 위한 계획을 수립했고, 이 계획을 실행하기 위해 특히 동유럽 지역을 시작으로 적극적인 팽창 정책을 수행하였다. 그리고 미국이 자유 민주주의 세계를 지켜야 한다는 도덕적 책임감에 기초하여 그에 대한 봉쇄 정책을 추구하는 와중에 냉전이 발생했다고 본다. 그리고 미국의 봉쇄 정책이 성공적으로 수행된 결과 냉전이 종식되었다는 것이 이들의 입장이다.

㈏ 제2차 세계대전이 끝나고 나서 미국과 소련 및 그 동맹국들 사이에서 공공연하게 전개된 제한적 대결 상태를 냉전이라고 한다. 냉전의 기원에 관한 논의는 냉전이 시작된 직후부터 최근까지 계속 진행되었다. 이는 단순히 냉전의 발발 시기와 이유에 대한 논의만이 아니라, 그 책임 소재를 묻는 것이기도 하다. 그 연구의 결과를 편의상 세 가지로 나누어 볼 수 있다.

㈐ 그러나 이와 같은 절충적 시각의 연구 성과는 일견 무난해 보이지만, 잠정적일 수밖에 없었다. 역사적 현상은 복합적인 요인들로 구성되지만, 중심적 경향성은 존재하고 이를 파악하여 설명하는 것이 역사 연구의 본령 중 하나이기 때문이다.

㈑ 다른 입장에서는 절충적 시도로서 냉전의 책임을 일방적으로 어느 한쪽에 부과해서는 안 된다고 보았다. 즉, 냉전은 양국이 추진한 정책의 '상호 작용'에 의해 발생했다는 것이다. 또 경제를 중심으로만 냉전을 보아서는 안 되며 안보 문제 등도 같이 고려하여 파악해야 한다고 보았다. 소련의 목적은 주로 안보 면에서 제한적으로 추구되었는데, 미국은 소련의 행동에 과잉 반응했고, 이것이 상황을 악화시켰다는 것이다. 이로 인해 냉전책임론은 크게 후퇴하고 구체적인 정책 형성에 대한 연구가 부각되었다.

(마) 여기에 비판을 가한 연구는 기본적으로 냉전의 책임이 미국 쪽에 있고, 미국의 정책은 경제적 동기에서 비롯했다고 주장했다. 즉, 미국은 전후 세계를 자신들이 주도해 나가야한다고 생각했고, 전쟁 중에 급증한 생산력을 유지할 수 있는 시장을 얻기 위해 세계를 개방 경제 체제로 만들고자 했다. 그러므로 미국 정책 수립의 기저에 깔린 것은 이념이 아니라는 것이다. 무엇보다 소련은 미국에 비해 국력이 미약했으므로 적극적 팽창 정책을 수행할 능력이 없었다는 것이 수정주의의 기본적 입장이었다. 오히려 미국이 유럽에서 공격적인 정책을 수행했고, 소련은 이에 대응했다는 것이다.

9 주어진 글의 문맥이 자연스럽게 이어지도록 나열된 것을 고르시오.

① (가) – (나) – (다) – (라) – (마)

② (가) – (나) – (라) – (마) – (다)

③ (라) – (다) – (나) – (가) – (마)

④ (나) – (가) – (마) – (라) – (다)

10 주어진 글의 내용과 일치하지 않는 것은?

① 냉전의 기원에 대한 책임이 소련에 있다고 보는 시각은 미국의 정책 성공으로 냉전이 종식되었다고 본다.

② 절충적 시각은 냉전을 바라볼 때 다양한 부분에 대한 고려가 필요하다고 본다.

③ 절충적 시각의 연구는 역사의 중심적인 경향성을 설명해준다.

④ 냉전의 책임이 미국 쪽에 있다고 보는 시각은 냉전이 이념으로 인해 발생했다는 주장을 비판한다.

금융 관련 긴급상황 발생 행동요령

1. 신용카드 및 체크카드를 분실한 경우

   카드를 분실했을 경우 카드회사 고객센터에 분실신고를 하여야 한다.

   분실신고 접수일로부터 60일 전과 신고 이후에 발생한 부정 사용액에 대해서는 납부의무가 없다. 카드에 서명을 하지 않은 경우, 비밀번호를 남에게 알려준 경우, 카드를 남에게 빌려준 경우 등 카드 주인의 특별한 잘못이 있는 경우에는 보상을 하지 않는다.

   비밀번호가 필요한 거래(현금인출, 카드론, 전자상거래)의 경우 분실신고 전 발생한 제2자의 부정사용액에 대해서는 카드사가 책임을 지지 않는다. 그러나 저항할 수 없는 폭력이나 생명의 위협으로 비밀번호를 누설한 경우 등 카드회원의 과실이 없는 경우는 제외한다.

2. 다른 사람의 계좌에 잘못 송금한 경우

   본인의 거래은행에 잘못 송금한 사실을 먼저 알린다. 전화로 잘못 송금한 사실을 말하고 거래은행 영업점을 방문해 착오입금반환의뢰서를 작성하면 된다.

   수취인과 연락이 되지 않거나 돈을 되돌려 주길 거부하는 경우에는 부당이득반환소송 등 법적 조치를 취하면 된다.

3. 대출사기를 당한 경우

   대출사기를 당했거나 대출수수료를 요구할 땐 경찰서, 금융감독원에 전화로 신고를 하여야 한다. 아니면 금감원 홈페이지 참여마당 → 금융범죄/비리/기타신고 → 불법 사금융 개인정보 불법유통 및 불법 대출 중개수수료 피해신고 코너를 통해 신고하면 된다.

4. 신분증을 잃어버린 경우

   가까운 은행 영업점을 방문하여 개인정보 노출자 사고 예방 시스템에 등록을 한다. 신청인의 개인정보를 금융회사에 전파하여 신청인의 명의로 금융거래를 하면 금융회사가 본인확인을 거쳐 2차 피해를 예방한다.

11 만약 당신이 신용카드를 분실했을 경우 가장 먼저 취해야 할 행동으로 적절한 것은?

① 경찰서에 전화로 분실신고를 한다.

② 해당 카드회사에 전화로 분실신고를 한다.

③ 금융감독원에 분실신고를 한다.

④ 카드사에 전화를 걸어 카드를 해지한다.

12 매사 모든 일에 철두철미하기로 유명한 당신이 보이스피싱에 걸려 대출사기를 당했다고 느껴질 경우 당신이 취할 수 있는 가장 적절한 행동은?

① 가까운 은행을 방문하여 개인정보 노출자 사고 예방 시스템에 등록을 한다.
② 해당 거래 은행에 송금 사실을 전화로 알린다.
③ 경찰서나 금융감독원에 전화로 신고를 한다.
④ 법원에 부당이득반환소송을 청구한다.

13 언어영역 3문항, 수리영역 4문항, 외국어영역 3문항, 과학탐구영역 2문항이 있다. A ,B, C, D 네 사람에게 3문항씩 각각 다른 영역의 문항을 서로 중복되지 않게 나누어 풀게 하였다. 다음은 네 사람이 푼 문항을 조사한 결과의 일부다. 다음 중 항상 옳은 것은?

> • A는 언어영역 1문항을 풀었다.
> • B는 외국어영역 1문항을 풀었다.
> • C는 과학탐구영역 1문항을 풀었다.
> • D는 외국어영역 1문항을 풀었다.

① A가 과학탐구영역 문항을 풀었다면 D는 언어영역 문항을 풀지 않았다.
② A가 외국어영역 문항을 풀었다면 C는 언어영역 문항을 풀었다.
③ A가 외국어영역 문항을 풀었다면 B는 언어영역 문항을 풀었다.
④ A가 외국어영역 문항을 풀었다면 D는 언어영역 문항을 풀었다.

┃14~15┃ 다음의 말이 전부 참일 때 항상 참인 것을 고르시오.

14

- A는 B의 딸이다.
- E와 G는 부부이다.
- F는 G의 친손녀이다.
- E는 D의 엄마이다.
- C는 A와 D의 아들이다.

① B는 C의 외할머니이다.　　　　② F와 C는 남매이다.

③ B와 E는 사돈지간이다.　　　　④ D의 성별은 여자이다.

15

- 책 읽는 것을 좋아하는 사람은 집중력이 높다.
- 성적이 좋지 않은 사람은 집중력이 높지 않다.
- 미경이는 1학년 5반이다.
- 1학년 5반의 어떤 학생은 책 읽는 것을 좋아한다.

① 미경이는 책 읽는 것을 좋아한다.

② 미경이는 집중력이 높지 않다.

③ 미경이는 성적이 좋다.

④ 1학년 5반의 어떤 학생은 집중력이 높다.

16 다음은 발산적(창의적) 사고를 개발하기 위한 방법이다. 이에 해당하는 것은?

이 방법은 어떤 생각에서 다른 생각을 계속해서 떠올리는 작업을 통해 어떤 주제에서 생각나는 것을 계속해서 열거해 나가는 방법이다.

① 브레인스토밍
② 체크리스트
③ NM법
④ Synectics

17 주어진 결론을 반드시 참으로 하는 전제를 고르시오.

전제1 : 기린을 좋아하는 사람은 얼룩말을 좋아한다.
전제2 : 하마를 좋아하지 않는 사람은 기린을 좋아한다.
전제3 : _____
결론 : 코끼리를 좋아하는 사람은 하마를 좋아한다.

① 기린을 좋아하는 사람은 하마를 좋아한다.
② 코끼리를 좋아하는 사람은 얼룩말을 좋아한다.
③ 얼룩말을 좋아하는 사람은 코끼리를 좋아하지 않는다.
④ 하마를 좋아하는 사람은 기린을 좋아한다.

18 주어진 글을 읽고 바르게 서술된 것을 고르시오.

　　A사에서 올해 출시한 카메라 P와 Q는 시중의 모든 카메라보다 높은 화소를 가졌고, 모든 카메라보다 가볍지는 않다. Q와 달리 P는 셀프카메라가 용이한 틸트형 LCD를 탑재하였으며 LCD 터치조작이 가능하다. 이처럼 터치조작이 가능한 카메라는 A사에서 밖에 제작되지 않는다. Q는 P에 비해 본체 사이즈가 크지만 여러 종류의 렌즈를 바꿔 끼울 수 있고, 무선 인터넷을 통해 SNS 등으로 바로 사진을 옮길 수 있다.

---

① P와 Q는 서로 다른 화소를 가졌다.

② 터치조작이 가능한 카메라는 P뿐이다.

③ Q는 다양한 렌즈를 사용할 수 있다.

④ P보다 가벼운 카메라는 존재하지 않는다.

19 어느 학급의 환경미화를 위해 환경미화위원을 뽑는데 갑수, 을숙, 병식, 정연, 무남, 기은이가 후보로 올라왔다. 다음과 같은 조건에 따라 환경미화위원이 될 때, 을숙이가 위원이 되지 않았다면 반드시 환경미화위원이 되는 사람은?

ⓐ 만약 갑수가 위원이 된다면, 을숙이와 병식이도 위원이 되어야 한다.

ⓑ 만약 갑수가 위원이 되지 않는다면, 정연이가 위원이 되어야 한다.

ⓒ 만약 을숙이가 위원이 되지 않는다면, 병식이나 무남이가 위원이 되어야 한다.

ⓓ 만약 병식이와 무남이가 함께 위원이 되면, 정연이는 위원이 되어서는 안 된다.

ⓔ 만약 정연이나 무남이가 위원이 되면, 기은이도 위원이 되어야 한다.

---

① 병식, 정연

② 정연, 무남

③ 병식, 무남

④ 정연, 기은

20 다음과 같은 1인 1실의 기숙사에 A~I 총 9명의 학생이 살고 있다. 학생들의 방에 대한 정보가 다음과 같을 때, 반드시 참인 것은?

	301	302	303	304	
좌	201	202	203	204	우
	101	102	103	104	

㉠ 각 층에는 3명씩 살고 있다.
㉡ A의 바로 위층에는 C가 살고 있고, A의 오른쪽 방은 비어있다.
㉢ B의 바로 위층은 비어있다.
㉣ C의 왼쪽에 있는 방은 비어있고, C와 D는 인접한 같은 층의 방에 살고 있다.
㉤ D는 E의 바로 아래층에 살고 있다.
㉥ E, F, G는 같은 층에 살고 있다.
㉦ G와 인접한 방에는 아무도 살고 있지 않다(대각선 제외).
㉧ I는 H보다 위층에 살고 있다.

① A, C, H는 같은 층에 살고 있다.
② C의 바로 위층에는 G가 살고 있다.
③ B는 102호에 살고 있다.
④ I는 204호에 살고 있다.

21 Z회사는 6대(A~F)의 자동차 생산을 주문받았다. 오늘을 포함하여 30일 이내에 자동차를 생산할 계획이며 Z회사의 하루 최대투입가능 근로자 수는 100명이다. 다음 〈공정표〉에 근거할 때 Z회사가 벌어들일 수 있는 최대 수익은 얼마인가? (단, 작업은 오늘부터 개시되며 각 근로자는 자신이 투입된 자동차의 생산이 끝나야만 다른 자동차의 생산에 투입될 수 있고 1일 필요 근로자 수 이상의 근로자가 투입되더라도 자동차당 생산 소요기간은 변하지 않는다)

〈공정표〉

자동차	소요기간	1일 필요 근로자 수	수익
A	5일	20명	15억 원
B	10일	30명	20억 원
C	10일	50명	40억 원
D	15일	40명	35억 원
E	15일	60명	45억 원
F	20일	70명	85억 원

① 150억 원 ② 155억 원

③ 160억 원 ④ 165억 원

22 다음은 어느 회사의 성과상여금 지급기준이다. 다음 기준에 따를 때 성과상여금을 가장 많이 받는 사원과 가장 적게 받는 사원의 금액 차이는 얼마인가?

〈성과상여금 지급기준〉

지급원칙
• 성과상여금은 적용대상사원에 대하여 성과(근무성적, 업무난이도, 조직 기여도의 평점 합) 순위에 따라 지급한다.

성과상여금 지급기준액

5급 이상	6급~7급	8급~9급	계약직
500만원	400만원	200만원	200만원

지급등급 및 지급률
• 5급 이상

지급등급	S등급	A등급	B등급	C등급
성과 순위	1위	2위	3위	4위 이하
지급률	180%	150%	120%	80%

• 6급 이하 및 계약직

지급등급	S등급	A등급	B등급
성과 순위	1위~2위	3~4위	5위 이하
지급률	150%	130%	100%

지급액 산정방법
개인별 성과상여금 지급액은 지급기준액에 해당등급의 지급율을 곱하여 산정한다.

〈소속사원 성과 평점〉

사원	평점			직급
	근무성적	업무난이도	조직기여도	
수현	8	5	7	계약직
이현	10	6	9	계약직
서현	8	8	6	4급
진현	5	5	8	5급
준현	9	9	10	6급
지현	9	10	8	7급

① 260만원   ② 340만원

③ 400만원   ④ 450만원

23 다음은 철수가 운영하는 회사에서 작성한 3월 지출내역이다. 여기에서 알 수 있는 판매비와 일반관리비의 총 합계 금액으로 옳은 것은?

3월 지출내역

광고선전비	320,000원	직원들의 급여	3,600,000원
통신비	280,000원	접대비	1,100,000원
조세공과금	300,000원	대출이자	2,000,000원

① 5,600,000원   ② 4,500,000원

③ 6,500,000원   ④ 7,600,000원

24 연초에 동일한 투자비용이 소요되는 투자계획 A와 B가 있다. A는 금년 말에 10억 원, 내년 말에 20억 원의 수익을 내고, B는 내년 말에 31억 원의 수익을 낸다. 수익성 측면에서 A와 B를 동일하게 만드는 이자율 수준은 얼마인가?

① 5%

② 10%

③ 15%

④ 20%

25 아래의 도표가 〈보기〉와 같은 내용의 근거 자료로 제시되었을 경우, 밑줄 친 ㉠~㉣ 중 도표의 내용에 비추어 올바르지 않은 설명은 어느 것인가?

〈미국 멕시코 만에서 각 경로별 수송 거리〉

(단위: 해리)

		파나마 운하	수에즈 운하	희망봉	케이프 혼
아시아	일본(도쿄만)	9,141	14,441	15,646	16,687
	한국(통영)	9,954	–	15,375	–
	중국(광동)	10,645	13,020	14,297	17,109
	싱가포르	11,955	11,569	12,972	16,878
	인도	14,529	9,633	12,079	–
남미	칠레	4,098	–	–	8,965

〈보기〉

㉠ 미국 멕시코만-파나마 운하-아시아로 LNG를 운송할 경우, 수송거리 단축에 따라 수송시간도 단축될 것으로 보인다. 특히, 전 세계 LNG 수입 시장의 75%를 차지하는 중국, 한국, 일본, 대만 등 아시아 시장으로의 수송 시간 단축은 자명하다. 예를 들어, ㉡ 미국 멕시코만-파나마-일본으로 LNG 수송 시간은 대략 20일 정도 소요되는 반면, 수에즈 운하 통과 시 약 31일 소요되고, 아프리카의 남쪽 이용 시 약 34일 정도 소요된다. 같은 아시아 시장이라고 할지라도 인도, 파키스탄의 경우는 수에즈 운하나 남아프리카 희망봉을 통과하는 것이 수송시간 단축에 유리하며, ㉢ 싱가포르의 경우는 수에즈 운하나 희망봉을 경유하는 것이 파나마 운하를 이용하는 것보다 적은 수송시간이 소요된다. 또한, 미국 멕시코만-남미 수송시간도 단축될 것으로 예상되는데, 콜롬비아 및 에콰도르의 터미널까지는 20일이 단축이 되어 기존 25일에서 5일이 걸리고, ㉣ 칠레의 기화 터미널까지는 기존 20일에서 8~9일로 약 12일이 단축이 된다.

파나마 운하를 통과함으로써 수송거리 단축에 따른 수송비용 절감효과도 있다. 3.5bcf LNG 수송선을 기준으로 파나마운하관리청(Panama Canal Authrity)의 신규 통행료를 적용하여 왕복 통행료를 추정하면 대략 $0.2/MMBtu이다. 이를 적용하여 미국 멕시코만-파나마-아시아시장으로의 LNG 왕복 수송 비용을 계산하면 파나마 운하 대신 수에즈 운하나 케이프 혼을 통과하는 경로에 비해서 대략 9~12%의 비용절감이 예상된다. 한편, IHS 자료를 바탕으로 비용 절감효과를 계산해 보면, 파나마 운하 이용 시 미국 멕시코만-수에즈-아시아 경로보다 대략 $0.3/MMBtu~$0.8/MMBtu 정도 비용이 절감되고, 희망봉 통과 경로보다 약 $0.2/MMBtu~$0.7/MMBtu 정도 절약되는 것으로 분석된다.

① ㉠

② ㉡

③ ㉢

④ ㉣

26 비용은 직접비용과 간접비용으로 나뉜다. 다음 중 직접비용으로만 묶인 것은?

① 재료비, 장비, 보험료
② 여행비, 인건비, 재료비
③ 시설비, 건물관리비, 통신비
④ 인건비, 사무비품비, 공과금

27 다음의 설명은 물적 자원 활용 방해요인 중 무엇에 해당하는가?

물적 자원은 계속해서 사용할 수 있는 것이 아니다. 사용할 수 있는 기간이 정해져 있기 때문에 보유하고 있는 물건을 적절히 관리하여 고장이 나거나 훼손되지 않도록 하여야 한다. 물적 자원은 관리를 제대로 하지 못하면 훼손이 되어 활용할 수 없게 되고 또 그렇게 되면 새로 구입하여야 한다. 관리를 제대로 하였다면 사용할 수 있는 자원을 새로 구입하면 경제적 손실도 가져오게 되는 것이다.

① 보관 장소를 파악하지 못한 경우
② 훼손 및 파손된 경우
③ 분실한 경우
④ 구입하지 않은 경우

28 다음 상황에서 J씨에게는 합리적, K씨에게는 비합리적 선택이 되기 위한 은행 예금의 연간 이자율 범위에 포함되는 이자율은? (단, 다른 상황은 고려하지 않는다.)

- J씨와 K씨는 각각 1억 원, 1억 5천만 원의 연봉을 받고 있는 요리사이다.
- 10억 원의 보증금만 지불하면 인수할 수 있는 A 식당이 매물로 나왔는데, 연간 2억 5천만 원의 이익 (식당 운영에 따른 총수입에서 실제 지불되는 비용을 뺀 값)이 예상된다. 단, 보증금은 1년 후 식당을 그만 두면 돌려받을 수 있다.
- J씨와 K씨는 각각 은행에 10억 원을 예금하고 있으며, A 식당을 인수하기 위해 경쟁하고 있다. A 식당을 인수할 경우 현재의 직장을 그만두고 예금한 돈을 인출하여 보증금을 지불할 예정이다.

① 4%
② 8%
③ 12%
④ 16%

29 기획팀 N대리는 다음 달로 예정되어 있는 해외 출장 일정을 확정하려 한다. 다음에 제시된 글의 내용을 만족할 경우 N대리의 출장 일정에 대한 보기의 설명 중 올바른 것은 어느 것인가?

N대리는 다음 달 3박4일 간의 중국 출장이 계획되어 있다. 회사에서는 출발일과 복귀 일에 업무 손실을 최소화할 수 있도록 가급적 평일에 복귀하도록 권장하고 있고, 출장 기간에 토요일과 일요일이 모두 포함되는 일정은 지양하도록 요구한다. 이번 출장은 기획팀에게 매우 중요한 문제를 해결할 수 있는 기회가 될 수 있어 팀장은 N대리의 복귀 바로 다음 날 출장 보고를 받고자 한다. 다음 달의 첫째 날은 금요일이며 마지막 주 수요일과 13일은 N대리가 빠질 수 없는 업무 일정이 잡혀 있다.

① 금요일에 출장을 떠나는 일정도 가능하다.
② 팀장은 월요일이나 화요일에 출장 보고를 받을 수 있다.
③ N대리가 출발일로 잡을 수 있는 날짜는 모두 4개이다.
④ N대리는 마지막 주에 출장을 가게 될 수도 있다.

30 다음 사례에 대한 분석으로 옳은 것은?

> 사람이 하던 일을 로봇으로 대체했을 때 얻을 수 있는 편익은 시간당 6천 원이고 작업을 지속하는 시간에 따라 '과부하'라는 비용이 든다. 로봇이 하루에 작업을 지속하는 시간과 그에 따른 편익 및 비용의 정도를 각각 금액으로 환산하면 다음과 같다.
>
> (단위 : 원)
>
> | 시간 | 3 | 4 | 5 | 6 | 7 |
> |------|-----|-----|-----|-----|-----|
> | 총 편익 | 18,000 | 24,000 | 30,000 | 36,000 | 42,000 |
> | 총 비용 | 8,000 | 12,000 | 14,000 | 15,000 | 22,000 |
>
> ※ 순편익 = 총 편익 − 총 비용

① 로봇은 하루에 6시간 작업을 지속하는 것이 가장 합리적이다.
② 로봇이 1시간 더 작업을 할 때마다 추가로 발생하는 비용은 일정하다.
③ 로봇으로 대체함으로써 하루에 최대로 얻을 수 있는 순편익이 22,000원이다.
④ 로봇이 1시간 더 작업할 때마다 추가로 발생하는 편익은 계속 증가한다.

31

> 하나의 조직이 조직의 목적을 달성하기 위해 이를 관리하고 운영하는 활동이 요구된다. 이러한 활동은 조직이 수립된 목적을 달성하기 위해 계획을 세우고 실행하고 그 결과를 평가하는 과정이다. 직업인은 조직의 한 구성원으로서 자신이 속한 조직이 어떻게 운영되고 있으며, 어떤 방향으로 흘러가고 있는지, 현재 운영체제의 문제는 무엇이고 생산성을 높이기 위해 어떻게 개선되어야 하는지 등을 이해하고 본인의 업무 역량에 맞게 적용하는 ( )가(이) 요구된다.

① 업무이해능력
② 자기개발능력
③ 체제이해능력
④ 경영이해능력

32 다음에 주어진 조직의 특성 중 유기적 조직에 대한 설명을 모두 고른 것은?

> ㉠ 구성원들의 업무가 분명하게 규정되어 있다.
> ㉡ 급변하는 환경에 적합하다.
> ㉢ 비공식적인 상호의사소통이 원활하게 이루어진다.
> ㉣ 엄격한 상하 간의 위계질서가 존재한다.
> ㉤ 많은 규칙과 규정이 존재한다.

① ㉠㉢ ② ㉡㉢
③ ㉡㉤ ④ ㉢㉣

33 다음 중 아래 조직도를 보고 잘못 이해한 사람은?

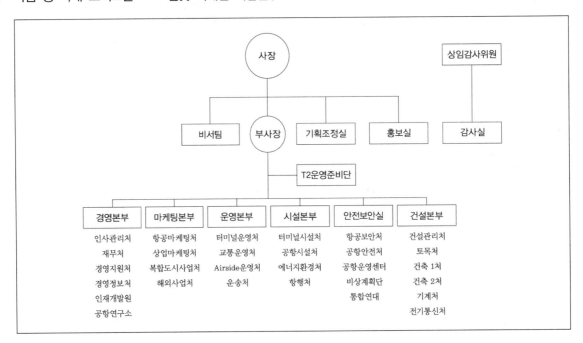

① 정순 : 감사실은 사장 직속이 아니라 상임감사위원 직속으로 되어 있네.
② 진현 : 부사장은 6개의 본부와 1개의 단을 이끌고 있어.
③ 진수 : 인재개발원과 공항연구소는 경영본부에서 관리하는군.
④ 미나 : 마케팅본부와 시설본부에 소속되어 있는 처의 개수는 같네.

34 다음은 W사의 경력평정에 관한 규정의 일부이다. 다음 중 규정을 올바르게 이해하지 못한 설명은 어느 것인가?

제15조(평정기준)

직원의 경력평정은 회사의 근무경력으로 평정한다.

제16조(경력평정 방법)

① 평정기준일 현재 근무경력이 6개월 이상인 직원에 대하여 별첨 서식에 의거 기본경력과 초과경력으로 구분하여 평정한다.

② 경력평정은 당해 직급에 한하되 기본경력과 초과경력으로 구분하여 평정한다.

③ 기본경력은 3년으로 하고, 초과경력은 기본경력을 초과한 경력으로 한다.

④ 당해 직급에 해당하는 휴직, 직위해제, 정직기간은 경력기간에 산입하지 아니한다.

⑤ 경력은 1개월 단위로 평정하되, 15일 이상은 1개월로 계산하고, 15일 미만은 산입하지 아니한다.

제17조(경력평정 점수)

평가에 의한 경력평정 총점은 30점으로 하며, 다음 각 호의 기준으로 평정한다.

① 기본경력은 월 0.5점씩 가산하여 총 18점을 만점으로 한다.

② 초과경력은 월 0.4점씩 가산하여 총 12점을 만점으로 한다.

제18조(가산점)

① 가산점은 5점을 만점으로 한다.

• 정부포상 및 자체 포상 등(대통령 이상 3점, 총리 2점, 장관 및 시장 1점, 사장 1점, 기타 0.5점)

• 회사가 장려하는 분야에 자격증을 취득한 자(자격증의 범위와 가점은 사장이 정하여 고시한다)

② 가산점은 당해 직급에 적용한다.

---

① 과장 직급으로 3년간 근무한 자가 대통령상을 수상한 경우, 경력평정 점수는 21점이다.

② 주임 직급 시 정직기간이 2개월 있었으며, 장관상을 수상한 자가 대리 근무 2년을 마친 경우 경력평정 점수는 12점이다.

③ 차장 직급으로 4년 14일 근무한 자의 경력평정 점수는 23.2점이다.

④ 차장 직책인 자는 과장 시기의 경력을 인정받을 수 없다.

35 매트릭스 조직에 대한 설명으로 옳은 것은?

① 이중적인 명령 체계를 갖고 있다.

② 시장의 새로운 변화에 유연하게 대처하기 어렵다.

③ 기능적 조직과 사업부제 조직을 결합한 형태이다.

④ 단일 제품을 생산하는 조직에 적합한 형태이다.

36 다음 중 부서와 업무의 연결이 어울리지 않는 것은?

① 총무부 : 주주총회 및 이사회개최 관련 업무, 의전 및 비서업무, 집기비품 및 소모품의 구입과 관리, 사무실 임차 및 관리

② 인사부 : 조직기구의 개편 및 조정, 업무분장 및 조정, 인력수급계획 및 관리, 직무 및 정원의 조정 종합, 노사관리, 평가관리, 상벌관리, 인사발령

③ 기획부 : 판매 계획, 판매예산의 편성, 시장조사, 광고 선전, 견적 및 계약, 제조지시서의 발행, 외상매출금의 청구 및 회수, 제품의 재고 조절

④ 회계부 : 회계제도의 유지 및 관리, 재무상태 및 경영실적 보고, 결산 관련 업무, 재무제표분석 및 보고, 법인세, 부가가치세, 국세 지방세 업무자문 및 지원

37 다음에서 설명하는 용어는 무엇인가?

하나의 사업을 수행하는 데 필요한 다수의 세부사업을 단계와 활동으로 세분하여 관련된 계획 공정으로 묶고, 각 활동의 소요 시간을 낙관시간, 최가능시간, 비관시간 등 세 가지로 추정하고 이를 평균하여 기대시간을 추정

① 퍼트 차트   ② 워크 플로 차트

③ 체크리스트   ④ 간트 차트

38 다음은 기업용 소프트웨어를 개발·판매하는 A기업의 조직도와 사내 업무협조전이다. 주어진 업무협조전의 발신부서와 수신부서로 가장 적절한 것은?

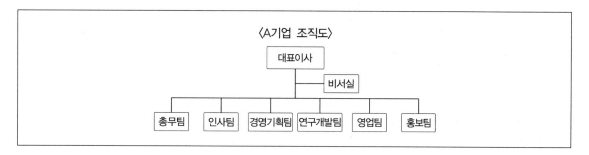

〈A기업 조직도〉

대표이사 — 비서실

총무팀 | 인사팀 | 경영기획팀 | 연구개발팀 | 영업팀 | 홍보팀

업무협조전

제목 : 콘텐츠 개발에 따른 적극적 영업 마케팅 협조

내용 : 2014년 경영기획팀의 요청으로 저희 팀에서 제작하기 시작한 업무매니저 "한방에" 소프트웨어가 모두 제작 완료되었습니다. 하여 해당 소프트웨어 5종에 관한 적극적인 마케팅을 부탁드립니다.

"한방에"는 거래처관리 소프트웨어, 직원/급여관리 소프트웨어, 매입/매출관리 소프트웨어, 증명서 발급관리 소프트웨어, 거래/견적/세금관리 소프트웨어로 각 분야별 영업을 진행하시면 될 것 같습니다.

특히나 직원/급여관리 소프트웨어는 회사 직원과 급여를 통합적으로 관리할 수 있는 프로그램으로 중소기업에서도 보편적으로 이용할 수 있도록 설계되어 있기 때문에 적극적인 영업 마케팅이 더해졌을 때 큰 이익을 낼 수 있을 거라 예상됩니다.

해당 5개의 프로그램의 이용 매뉴얼과 설명서를 첨부해드리오니 담당자분들께서는 이를 숙지하시고 영업에 효율성을 가지시기 바랍니다.

첨부 : 업무매니저 "한방에" 매뉴얼 및 설명서

발신	수신		발신	수신
① 경영기획팀	홍보팀		② 연구개발팀	영업팀
③ 총무팀	인사팀		④ 영업팀	연구개발팀

39 다음 글을 읽고 진성이가 소속된 부서를 고르면?

> 진성이가 소속된 부서는 매주 월요일마다 직원들이 모여 경영계획에 대한 회의를 한다. 이번 안건은 최근 문제가 된 중장기 사업계획으로, 이를 종합하여 조정을 하거나 적절하게 예산수립을 하기 위해 의견을 공유하는 자리가 되었다. 더불어 오후에는 기존의 사업의 손익을 추정하여 관리 및 분석을 통한 결과를 부장님께 보고하기로 하였다.

① 총무부   ② 인사부

③ 기획부   ④ 회계부

40 다음은 조직의 유형에 대한 설명이다. 옳은 것을 모두 고른 것은?

> ㉠ 조직은 영리성을 기준으로 공식조직과 비공식조직으로 구분할 수 있다.
> ㉡ 조직은 비공식조직으로부터 공식조직으로 발전해왔다.
> ㉢ 정부조직은 비영리조직에 속한다.
> ㉣ 비공식조직 내에서 인간관계를 지향하면서 공식조직이 생성되기도 한다.
> ㉤ 기업과 같이 이윤을 목적으로 하는 조직을 공식조직이라 한다.

① ㉠, ㉣
② ㉡, ㉢
③ ㉡, ㉤
④ ㉢, ㉣

1 다음 글의 중심 내용으로 가장 적절한 것을 고르시오.

> 언제부터인가 이곳 속초 청호동은 본래의 지명보다 '아바이 마을'이라는 정겨운 이름으로 불리고 있다. 함경도식 먹을거리로 유명해진 곳이기도 하지만 그 사람들의 삶과 문화가 제대로 알려지지 않은 동네이기도 하다. 속초의 아바이 마을은 대한민국의 실향민 집단 정착촌을 대표하는 곳이다. 한국 전쟁이 한창이던 1951년 1·4 후퇴 당시, 함경도에서 남쪽으로 피난 왔던 사람들이 휴전과 함께 사람이 거의 살지 않던 이곳 청호동에 정착해 살기 시작했다.
>
> 동해는 사시사철 풍부한 어종이 잡히는 고마운 곳이다. 봄 바다를 가르며 달려 도착한 곳에서 고기가 다니는 길목에 설치한 '어울'을 끌어올려 보니, 속초의 봄 바다가 품고 있던 가자미들이 나온다. 다른 고기는 나오다 안 나오다 하지만 이 가자미는 일 년 열두 달 꾸준히 난다. 동해를 대표하는 어종 중에 명태는 12월에서 4월, 도루묵은 10월에서 12월, 오징어는 9월에서 12월까지 주로 잡힌다. 하지만 가자미는 사철 잡히는 생선으로, 어부들 말로는 그 자리를 지키고 있는 '자리고기'라 한다.
>
> 청호동에서 가자미식해를 담그는 광경은 이젠 낯선 일이 아니라 할 만큼 유명세를 탔다. 함경도 대표 음식인 가자미식해가 속초에서 유명하다는 것은 입맛이 정확하게 고향을 기억한다는 것과 상통한다. 속초에 새롭게 터전을 잡은 함경도 사람들은 고향 음식이 그리웠다. 가자미식해를 만들어 상에 올렸고, 이 밥상을 마주한 속초 사람들은 배타심이 아닌 호감으로 다가섰고, 또 판매를 권유하게 되면서 속초의 명물로 재탄생하게 된 것이다.

① 속초 자리고기의 유래
② 속초의 아바이 마을과 가자미식해
③ 아바이 마을의 밥상
④ 청호동 주민과 함경도 실향민의 화합

풀이종료시간 : [   ] − [   ]
풀이소요시간 : [   ]분 [   ]초

2   다음 글의 제목으로 가장 적절한 것을 고르시오.

매일 먹는 밥. 하지만 밥의 주재료인 쌀에 대해서 아는 사람은 그리 많지 않을 것이다. 쌀이 벼의 씨라는 것쯤은 벼를 본 적이 없는 도시인들도 다 아는 상식이다. 그러나 언제부터 벼를 재배하기 시작했으며, 벼에는 어떤 종류가 있으며, 각 나라의 쌀에는 어떤 차이가 있으며, 그 차이를 만들어내는 원인이 무엇인지는 벼를 재배하고 있는 사람들조차 낯선 정보들이다.

쌀이 중요한 이유는 인간이 살아가는 데 꼭 필요한 영양소인 당질을 공급해 주기 때문이다. 당질은 단백질, 지방질 등과 함께 체외로부터 섭취하지 않으면 살아갈 수 없는 필수 영양소다. 특히 당질은 식물만 생산이 가능하기 때문에 인간에게 있어 곡물 재배의 역사는 곧 인류의 역사라고도 할 수 있다. 쌀은 옥수수, 밀과 함께 세계 3대 곡물이다.

그러나 옥수수가 주로 사료용으로 쓰인다는 점을 감안하면 실제로는 쌀과 밀이 식량으로서의 세계 곡물 시장을 양분하고 있는 셈이다. 곡물이라고 불리는 식물들은 모두 재배식물이다. 벼도 마찬가지로 야생벼의 탄생은 수억년 전으로 거슬러 올라간다. 하지만 재배벼에서 비롯된 오리자 사티바 즉 현재 우리가 먹고 있는 쌀은 1만 년 전 중국 장강 유역에서 탄생했다. 한편 벼 품종은 1920년대 세계 각지의 쌀을 처음으로 본 일본 큐슈대학의 카토 시게모토 교수의 분류법에 따라 재배벼를 일본형인 '자포니카'와 인도형인 '인디카'로 구분해 왔다. 즉 벼를 야생벼와 재배벼가 나눈 다음 재배벼를 다시 인디카와 자포니카로 나눈 것이다. 하지만 자연과학의 발달로 최근에는 이런 분류보다는 벼를 인디카형과 자포니카형으로 나누고 각각을 야생형과 재배형으로 나누는 분류법이 더 타당하다는 주장이 제기되고 있다. 위에서 말한 오리자 사티바는 자포니카를 말한다. 반면 인도 등 남아시아의 벼인 인디카는 중국에서 탄생한 자포니카가 아시아 일대로 옮겨져 야생종과의 교배를 통해 탄생한 것이다. 하지만 전세계 쌀의 90%는 인디카다. 자포니카는 한국과 일본, 중국, 미국 캘리포니아 지역에서만 재배되고 있다.

간단하게 쌀의 기본적인 내용에 대해서 살펴보았지만 벼가 재배되는 지역의 풍토에 따라 쌀과 쌀로 만든 요리도 저마다의 특징을 나타낸다. 그렇다면 각국을 대표하는 쌀 요리를 통하여 쌀의 역사와 세계사적 의미를 살펴보는 것도 의미 있는 작업이 될 것이다.

① 쌀의 구분법
② 쌀의 곡물로서의 가치
③ 쌀의 역사와 종류
④ 쌀의 영양소

│3~4│ 다음 문장들을 순서에 맞게 배열한 것을 고르시오.

3

(가) 포인트 카드는 경제학에서 볼 때, '가격 차별'의 한 유형이다. 가격 차별이란, 동일한 물건을 파는데 사는 사람에 따라 다른 가격을 적용하는 것이다. 기업들이 가격 차별 정책을 펴는 것은 이익을 극대화하기 위해서이다. 동일한 물건이라도 각 개인에게 주는 가치는 다르다. 가치가 다른 만큼 각 개인이 지불하고자 하는 가격도 다르다. 즉, 동일한 물건에 대한 '유보 가격'이 사람마다 다르다는 것이다. 유보 가격은 어떤 물건에 대해 소비자가 지불할 용의가 있는 최고의 가격을 말한다.

(나) 그렇다면 회사마다 포인트 카드를 만들어내는 이유는 무엇일까? 포인트 카드는 단골손님을 만들어내는 효과가 있다. 영화를 볼 때 A영화관 포인트 카드가 있으면 다른 영화관보다 A영화관으로 가려 할 것이다. B음식점 포인트 카드가 있으면 음식을 먹을 때 B 음식점을 먼저 찾을 것이다. 하지만 포인트 카드를 무분별하게 만들어내면서 기업이 포인트 카드로 단골손님을 만드는 것은 점점 어려워지고 있다.

(다) 영화를 보러 가도, 커피를 마시러 가도 어디서나 포인트 카드의 소지 여부를 물어 본다. 포인트 카드가 있으면 값을 일정 부분 깎아 주거나, 포인트로 적립해서 현금처럼 사용하도록 해 준다. 현실이 이렇다 보니, 제값을 다 내면 왠지 나만 손해를 보는 느낌이 든다.

(라) 할인 판매 기간 중 백화점에 가면 상품마다 두 개의 가격이 표시돼 있다. 둘 중 높은 가격이 '정상 가격'이고 낮은 가격이 '할인 가격'이다. 어떤 백화점에서는 정상 가격이 50만 원인 물건을 할인 판매 기간 중에 사면 영수증에 "15만 원 에누리"라는 문구를 포함하기도 한다. 정상 가격에 비해 15만 원을 절약했다는 것이다. 하지만 같은 물건을 어떤 때는 50만 원에 팔고 어떤 때는 35만 원 에 판다면, 이 물건의 정상 가격이 과연 50만 원 이라고 할 수 있을까? 평균을 내서 40만 원 혹은 45만 원 정도를 정상 가격으로 보는 게 맞지 않을까? 그렇다면 소비자가 할인가격으로 물건을 사는 게 '절약'으로 보이지만 사실은 할인되지 않은 가격으로 물건을 사는 것은 '바가지 쓰기'라고 볼 수 있다.

(마) 포인트 카드에 대해서도 비슷한 말을 할 수 있다. 포인트 카드를 제시하는 사람에게 적용되는 가격이 사실은 '할인 가격'이 아니라 포인트 카드를 제시하지 않은 사람에게 적용되는 가격이 '바가지 가격'이 되는 것이다. 모든 사람이 포인트 카드를 가지고 다닌다면 대부분의 사람들에게 적용되는 할인가격이 실제로는 정상가격이고, 이 가격보다 높은 가격은 바가지 가격으로 봐야 하기 때문이다.

① (가) - (나) - (라) - (마) - (다)　　　② (가) - (다) - (나) - (라) - (마)

③ (다) - (가) - (나) - (마) - (라)　　　④ (다) - (나) - (가) - (라) - (마)

4

> (가) 사유재산권 제도를 채택한 사회에서 재산의 신규취득 유형은 누가 이미 소유하고 있는 것을 취득하거나 아직 누구의 소유도 아닌 것을 취득하거나 둘 중 하나다.
>
> (나) 시장 경제에서 매 생산단계의 투입과 산출은 각각 누군가의 사적 소유물이며, 소유주가 있는 재산은 대가를 지불하고 구입하면 그 소유권을 이전 받는다.
>
> (다) 사적 취득의 자유를 누구에게나 동등하게 허용하는 동등자유의 원칙은 사유재산권 제도에 대한 국민적 지지의 출발점으로서 신규 취득의 기회균등은 사유재산권 제도의 핵심이다.
>
> (라) 누가 이미 소유하고 있는 재산의 취득을 인정받으려면 원 소유주가 해당 재산의 소유권 이전에 대해 동의해야 한다. 그리고 누구의 소유도 아닌 재산의 최초 취득은 사회가 정한 절차를 따라야 인정받는다.

① (가) − (다) − (라) − (나)

② (다) − (가) − (나) − (라)

③ (다) − (라) − (가) − (나)

④ (다) − (가) − (라) − (나)

5 다음 주어진 문장이 들어갈 위치로 가장 적절한 곳을 고르시오.

> 이렇게 통제된 실험에 의해 진짜 비타민 C를 복용한 실험 대상자들이 감기에 걸리는 빈도가 낮거나 감기에 걸린 후 회복되는 시간이 짧다는 결과를 얻을 수 있다면 비타민 C가 감기 예방이나 치료에 효과가 있다고 추론할 수 있다.

> 비타민 C가 감기 예방 또는 치료에 효과가 있는가에 대해 상당히 오랫동안 논쟁이 있어 왔다. (가) 다양한 연구를 통해 많은 과학자들은 비타민 C에 그러한 효과가 없다고 믿었지만, 어떤 과학자는 비타민 C가 감기 예방이나 치료에 효과가 있다고 주장했다. (나) 어느 편이 옳은가에 관계없이 이 논쟁에 대한 판정은 다음과 같은 방식으로 이루어진다. (다) 우선 실험의 대상이 될 사람들을 선발하여 두 개의 비슷한 집단으로 나눈 다음, 한 쪽에는 진짜 비타민 C를 섭취하게 하고 다른 쪽에는 가짜 비타민 C를 준다. (라) 이 실험에서 중요한 점은 실험대상자들이 이 사실을 몰라야 한다는 것인데, 그 이유는 이 사실을 알게 되면 그로 인한 암시의 힘이 크게 영향을 미칠 것이기 때문이다. (마)

① (가) ② (나)

③ (마) ④ (라)

6

　　언젠가부터 우리 바다 속에 해파리나 불가사리와 같이 특정한 종들만이 크게 번창하고 있다는 우려의 말이 들린다. 한마디로 다양성이 크게 줄었다는 이야기다. 척박한 환경에서는 몇몇 특별한 종들만이 득세한다는 점에서 자연생태계와 우리 사회는 닮은 것 같다. 어떤 특정 집단이나 개인들에게 앞으로 어려워질 경제 상황은 새로운 기회가 될지도 모른다. 하지만 이는 _____ 왜냐하면 자원과 에너지 측면에서 보더라도 이들 몇몇 집단들만 존재하는 세계에서는 이들이 쓰다 남은 물자와 이용하지 못한 에너지는 고스란히 버려질 수밖에 없고 따라서 효율성이 극히 낮기 때문이다.

① 사회 전체로 볼 때 그다지 바람직한 현상이 아니다.
② 자연생태계를 파괴하는 주된 원인이다.
③ 새로운 기회는 또 다른 발전을 불러올 수 있다.
④ 우리 사회의 큰 이익을 가져올 수 있는 기회이다.

7

　　고용의 질을 높이는 것 또한 고용률을 증가시키는 것만큼이나 중요하다. 정부에서는 다양한 고용 확대 정책을 내놓고 있다. 특히 육아나 가사 때문에 일을 중단한 여성들에게 다시 일자리를 가질 수 있도록 다양한 시간제 일자리가 마련되고 있다. 하지만 시간제 일자리를 먼저 도입했던 독일이나 네덜란드를 보면 시간이 지나고 시간제 일자리의 형태가 점차 변질되면서 저임금의 안 좋은 일자리로 자리 잡았다. 우리도 이에 교훈을 얻어 _____

① 무작정 일자리를 늘릴 것이 아니라 질 좋은 일자리를 창출해야한다.
② 그 무엇보다 고용률을 높이는 일에만 집중해야한다.
③ 기업들의 여성의 능력에 대한 재인식이 필요하다.
④ 더 많은 시간제 일자리를 창출하여 여성들의 고용에 앞장서야한다.

┃8~9┃ 다음 글을 읽고 물음에 답하시오.

정보 사회라고 하는 오늘날, 우리는 실제적 필요와 지식 정보의 획득을 위해서 독서하는 경우가 많다. 일정한 목적의식이나 문제의식을 안고 달려드는 독서일수록 사실은 능률적인 것이다. 르네상스적인 만능의 인물이었던 괴테는 그림에 열중하기도 했다. 그는 그림의 대상이 되는 집이나 새를 더 관찰하기 위해서 그리는 것이라고, 의아해 하는 주위 사람에게 대답했다고 전해진다. 그림을 그리겠다는 목적의식을 가지고 집이나 꽃을 관찰하면 분명하고 세밀하게 그 대상이 떠오를 것이다. 마찬가지로 일정한 주제 의식이나 문제의식을 가지고 독서를 할 때, 보다 창조적이고 주체적인 독서 행위가 성립될 것이다.

오늘날 기술 정보 사회의 시민이 취득해야 할 상식과 정보는 무량하게 많다. 간단한 읽기, 쓰기와 셈하기 능력만 갖추고 있으면 얼마 전까지만 하더라도 문맹(文盲)상태를 벗어날 수 있었다. 오늘날 사정은 이미 동일하지 않다. 자동차 운전이나 컴퓨터 조작이 바야흐로 새 시대의 '문맹'탈피 조건으로 부상하고 있다. 현대인 앞에는 그만큼 구비해야 할 기본적 조건과 자질이 수없이 기다리고 있다.

사회가 복잡해짐에 따라 신경과 시간을 바쳐야 할 세목도 증가하게 마련이다. 그러나 어느 시인이 얘기한 대로 인간 정신이 마련해 낸 가장 위대한 세계는 언어로 된 책의 마법 세계이다. 그 세계 속에서 현명한 주민이 되기 위해서는 무엇보다도 자기 삶의 방향에 맞게 시간을 잘 활용해야 할 것이다.

8 윗글의 핵심내용으로 가장 적절한 것은?

① 현대인이 구비해야 할 조건

② 현대인이 다루어야 할 지식

③ 문맹상태를 벗어나기 위한 노력

④ 주제의식이나 문제의식을 가진 독서

9 윗글의 내용과 일치하는 것은?

① 과거에는 간단한 읽기, 쓰기와 셈하기 능력만으로 문맹상태를 벗어날 수 있었다.

② 사회가 복잡해져도 신경과 시간을 바쳐야 할 세목은 일정하다.

③ 오늘날 기술 정보의 발달로 시민이 취득해야 할 상식과 정보는 적어졌다.

④ 실제적 필요와 지식 정보의 획득을 위해서 독서하는 것이 중요하다.

10 다음 글의 전개방식을 사용하는 것은?

> 지금 지구 상공에는 수많은 인공위성이 돌고 있다. 인공위성은 크게 군사용 위성과 평화용 위성으로 나뉜다. 첩보위성, 위성 파괴 위성 등은 전자에 속하고, 통신 위성, 기상 관측 위성, 지구 자원 탐사 위성 등은 후자에 속한다.

① 법은 간단하게 공법과 사법으로 나누어 설명할 수 있다. 공법에는 헌법, 형법, 행정법 등이 있고, 사법에는 민법, 상법 등이 있다.

② 독서는 음독 중심의 독서에서 묵독으로, 그리고 다독이라는 분산형 독서에서 다시 20세기 후반부터 검색형 독서로 그 방식이 변화하였다.

③ 연민은 먼저 타인의 고통이 그 자신의 잘못에서 비롯된 것이 아니라 우연히 닥친 비극이어야 한다. 다음으로 그 비극이 언제든 나를 엄습할 수도 있다고 생각해야 한다.

④ 직구란 국내 소비자들이 인터넷 쇼핑몰 등을 통해 외국의 상품을 구매하는 행위를 의미하며, 역직구란 해외 소비자가 국내 인터넷 쇼핑몰 등에서 상품을 구입하는 행위를 말한다.

▌11~12 ▌ 다음의 말이 전부 참일 때 항상 참인 것을 고르시오.

11

> • 종현이는 동진이보다 시험을 못봤다.
> • 시원이는 종현이와 민호보다 시험을 못봤다.
> • 동진이는 태민이보다 시험을 못봤다.
> • 민호와 태민이의 등수 차는 '1'이다.

① 동진이는 4등을 하였다.

② 민호는 태민이보다 시험을 잘봤다.

③ 시원이는 5명 중 꼴찌이다.

④ 태민이는 시원이보다 시험을 못봤다.

12 다음에 제시된 명제가 모두 참일 때, 반드시 참이라고 할 수 있는 것은 어느 것인가?

> • 배가 아픈 사람은 식욕이 좋지 않다.
> • 배가 아프지 않은 사람은 홍차를 좋아하지 않는다.
> • 웃음이 많은 사람은 식욕이 좋다.

① 식욕이 좋지 않은 사람은 배가 아프다.
② 배가 아프지 않은 사람은 웃음이 많다.
③ 배가 아픈 사람은 홍차를 좋아한다.
④ 홍차를 좋아하는 사람은 웃음이 많지 않다.

13 G 음료회사는 신제품 출시를 위해 시제품 3개를 만들어 전직원을 대상으로 블라인드 테스트를 진행한 후 기획팀에서 회의를 하기로 했다. 독창성, 대중성, 개인선호도 세 가지 영역에 총 15점 만점으로 진행된 테스트 결과가 다음과 같을 때, 기획팀 직원들의 발언으로 옳지 않은 것은?

	독창성	대중성	개인선호도	총점
시제품 A	5	2	3	10
시제품 B	4	4	4	12
시제품 C	2	5	5	12

① 우리 회사의 핵심가치 중 하나가 창의성 아닙니까? 저는 독창성 점수가 높은 A를 출시해야 한다고 생각합니다.
② 독창성이 높아질수록 총점이 낮아지는 것을 보지 못하십니까? 저는 그 의견에 반대합니다.
③ 무엇보다 현 시점에서 회사의 재정상황을 타계하기 위해서는 대중성을 고려하여 높은 이윤이 날 것으로 보이는 C를 출시해야 하지 않겠습니까?
④ 그럼 독창성과 대중성, 개인선호도를 모두 고려하여 B를 출시하는 것이 어떻겠습니까?

14 다음은 신용대출의 중도상환에 관한 내용이다. 甲씨는 1년 후에 일시 상환하는 조건으로 500만원을 신용대출 받았다. 그러나 잔여기간이 100일 남은 상태에서 중도 상환하려고 한다. 甲씨가 부담해야 하는 해약금은 약 얼마인가? (단, 원단위는 절사한다)

구분	가계대출		기업대출	
	부동산 담보대출	신용/기타 담보대출	부동산 담보대출	신용/기타 담보대출
적용요율	1.4%	0.8%	1.4%	1.0%

• 중도상환해약금 : 중도상환금액 × 중도상환적용요율 × (잔여기간/대출기간)

• 대출기간은 대출개시일로부터 대출기간만료일까지의 일수로 계산하되, 대출기간이 3년을 초과하는 경우에는 3년이 되는 날을 대출기간만료일로 한다.
• 잔여기간은 대출기간에서 대출개시일로부터 중도상환일까지의 경과일수를 차감하여 계산한다.

① 10,950원

② 11,950원

③ 12,950원

④ 13,950원

15 수혁, 준이, 영주, 민지, 해수, 나영, 영희의 시험 성적에 대한 다음의 조건으로부터 추론할 수 있는 것은?

• 수혁이는 준이보다 높은 점수를 받았다.
• 준이는 영주보다 높은 점수를 받았다.
• 영주는 민지보다 높은 점수를 받았다.
• 해수는 준이와 나영이 보다 높은 점수를 받았다.
• 영희는 해수 보다 높은 점수를 받았다.
• 준이는 나영이 보다 높은 점수를 받았다.

① 영주가 나영이 보다 높은 점수를 받았다.

② 영희가 1등을 하였다.

③ 나영이 꼴등을 하였다.

④ 준이는 4등 안에 들었다.

16 SWOT 분석에 따라 발전전략을 수립할 때 외부 환경의 위협을 최소화하기 위해 내부 강점을 극대화하는 전략은?

① SO전략

② WO전략

③ ST전략

④ WT전략

17 주어진 결론을 반드시 참으로 하는 전제를 고르시오.

전제1 : 인기 있는 선수는 안타를 많이 친 타자이다.
전제2 : _____
결론 : 인기 있는 선수는 팀에 공헌도가 높다.

① 팀에 공헌도가 높지 않은 선수는 안타를 많이 치지 못한 타자이다.

② 인기 없는 선수는 팀에 공헌도가 높지 않다.

③ 안타를 많이 친 타자도 인기가 없을 수 있다.

④ 안타를 많이 친 타자는 인기 있는 선수이다.

18 각각 다른 지역에서 모인 갑, 을, 병, 정, 무 5명은 자신들이 거주하는 지역의 교통비에 대해서 다음 〈보기〉와 같이 말했고, 4명은 진실을, 나머지 1명은 거짓말을 하였다. 다음의 주장을 근거로 거짓말을 하지 않았다고 확신할 수 있는 사람은 누구인가? (교통비가 동일한 지역은 없다고 가정한다.)

〈보기〉
- 갑 : "을이 사는 지역은 병이 사는 지역보다 교통비가 비싸다."
- 을 : "갑이 사는 지역은 정이 사는 지역보다 교통비가 비싸다."
- 병 : "무가 사는 지역은 갑이 사는 지역보다 교통비가 비싸다."
- 정 : "병이 사는 지역은 무가 사는 지역보다 교통비가 비싸다."
- 무 : "을이 사는 지역은 정이 사는 지역보다 교통비가 비싸다."

① 갑   ② 을
③ 무   ④ 정

19 유치원생들을 대상으로 좋아하는 과일에 대해서 조사한 결과 다음과 같은 자료를 얻었다. 다음 중 유치원생인 지민이가 한라봉을 좋아한다는 결론을 이끌어낼 수 있는 것은 무엇인가?

㉠ 귤과 레몬을 모두 좋아하는 유치원생은 한라봉도 좋아한다.
㉡ 오렌지와 자몽을 모두 좋아하는 유치원생은 한라봉도 좋아한다.
㉢ 유치원생들은 모두 금귤이나 라임 중 하나를 반드시 좋아한다.
㉣ 라임을 좋아하는 유치원생은 레몬을 좋아한다.
㉤ 금귤을 좋아하는 유치원생은 오렌지를 좋아한다.

① 지민이는 귤과 자몽을 좋아한다.
② 지민이는 오렌지와 레몬을 좋아한다.
③ 지민이는 귤과 오렌지를 좋아한다.
④ 지민이는 금귤과 라임을 좋아한다.

20 다음 상황에서 진실을 얘기하고 있는 사람이 한 명 뿐일 때 총을 쏜 범인과 진실을 이야기 한 사람으로 바르게 짝지어진 것은?

> 어느 아파트 옥상에서 한 남자가 총에 맞아 죽은 채 발견됐다. 그의 죽음을 조사하기 위해 형사는 피해자의 사망시각에 아파트 엘리베이터의 CCTV에 찍혔던 용의자 A, B, C, D 네 남자를 연행하여 심문하였는데 이들은 다음과 같이 진술하였다.
>
> A : B가 총을 쐈습니다. 내가 봤어요.
> B : C와 D는 거짓말쟁이입니다. 그들의 말은 믿을 수 없어요!
> C : A가 한 짓이 틀림없어요. A와 그 남자는 사이가 아주 안 좋았단 말입니다.
> D : 내가 한 짓이 아니에요. 나는 그 남자를 죽일 이유가 없습니다.

① 범인 : A, 진실 : C   ② 범인 : B, 진실 : A

③ 범인 : C, 진실 : D   ④ 범인 : D, 진실 : B

21 甲회사 인사부에 근무하고 있는 H부장은 각 과의 요구를 모두 충족시켜 신규직원을 배치하여야 한다. 각 과의 요구가 다음과 같을 때 홍보과에 배정되는 사람은 누구인가?

> 〈신규직원 배치에 대한 각 과의 요구〉
> • 관리과 : 5급이 1명 배정되어야 한다.
> • 홍보과 : 5급이 1명 배정되거나 6급이 2명 배정되어야 한다.
> • 재무과 : B가 배정되거나 A와 E가 배정되어야 한다.
> • 총무과 : C와 D가 배정되어야 한다.
>
> 〈신규직원〉
> • 5급 2명(A, B)
> • 6급 4명(C, D, E, F)

① A   ② B

③ C와 D   ④ E와 F

22 정 과장은 계약 체결을 위해 부산에 2시까지 도착해서 미팅을 하러 간다. 집에서 기차역까지 30분, 고속버스터미널까지 15분이 걸린다. 교통비와 스케줄이 다음과 같을 때, 정 과장의 선택은 무엇인가? (단, 시간이 동일하다면 비용이 저렴한 것을 우선순위로 둔다.)

	방법	출발 시간	환승 시간	이동 시간	걷는 시간	비용(원)
(가)	고속버스-기차	7:20	10분	6시간		7만 2천
(나)	기차-버스	7:25	20분	5시간 30분	10분	10만 2천
(다)	고속버스	8:05	없음	5시간 25분		7만
(라)	기차	8:25		5시간		10만

① (가)　　　　　　　　　　　　　　　② (나)

③ (다)　　　　　　　　　　　　　　　④ (라)

23 다음은 자원관리 기본 과정을 임의로 나타낸 것이다. 순서대로 나열한 것은 무엇인가?

> (가) 이용 가능한 자원 수집하기
> (나) 계획대로 수행하기
> (다) 자원 활용 계획 세우기
> (라) 필요한 자원의 종류와 양 확인하기

① (다) - (라) - (가) - (나)

② (다) - (가) - (라) - (나)

③ (라) - (다) - (가) - (나)

④ (라) - (가) - (다) - (나)

24 다음 사례에 나타난 자원 낭비 요인으로 옳지 않은 것은?

> 진수는 평소 시간에 대해서 중요하게 생각한 적이 없다. '시간이란 누구에게나 무한하게 있는 것으로 사람들은 왜 그렇게 시간을 중요하게 생각하는지 모르겠다.' 이것이 진수의 생각이다. 따라서 그는 어떤 일이나 약속을 하더라도 그때그때 기분에 따라서 행동을 하지 결코 계획을 세워 행동한 적이 없고 그 결과 중요한 약속을 지키지 못하거나 일을 그르친 적이 한두 번이 아니었다. 그리고 약간의 노하우만 있으면 쉽고 빨리 할 수 있는 일들도 진수는 다른 사람들에 비해 어렵고 오랜 시간을 들여 행하는 편이다. 이러한 이유로 사람들은 점점 진수를 신뢰하지 못하게 되었고 진수의 인간관계는 멀어지게 되었다.

① 비계획적 행동　　　　　　　　　　② 편리성 추구

③ 자원에 대한 인식 부재　　　　　　　④ 노하우 부족

25 U회사에서 사원 김씨, 이씨, 정씨 3인을 대상으로 승진시험을 치렀다. 다음 〈보기〉에 따라 승진이 결정된다고 할 때 승진하는 사람은?

> 〈보기〉
> • U회사에서 김씨, 이씨, 정씨 세 명의 승진후보자가 시험을 보았으며, 상식 30문제, 영어 20문제가 출제되었다.
> • 상식은 정답을 맞힌 개수 당 5점씩, 틀린 개수 당 -3점씩을 부여하고, 영어의 경우 정답을 맞힌 개수 당 10점씩, 틀린 개수 당 -5점씩을 부여한다.
> • 채점 방식에 따라 계산했을 때 250점 이하이면 승진에서 탈락한다.
> • 각 후보자들이 정답을 맞힌 문항의 개수는 다음과 같고, 이 이외의 문항은 모두 틀린 것이다.
>
> | | 상식 | 영어 |
> | --- | --- | --- |
> | 김씨 | 24 | 16 |
> | 이씨 | 20 | 19 |
> | 정씨 | 28 | 15 |

① 김씨와 이씨　　　　　　　　　　② 김씨와 정씨

③ 이씨와 정씨　　　　　　　　　　④ 모두 승진

26 다음에서 설명하고 있는 인력배치의 원칙은 무엇인가?

> 개인에게 능력을 발휘할 수 있는 기회와 장소를 부여하고 그 성과를 바르게 평가하며 평가된 능력과 실적에 대해 그에 상응하는 보상을 주는 원칙

① 적재적소주의   ② 균형주의

③ 능력주의   ④ 동일성의 원칙

27 다음은 갑의 재무 현황을 나타낸 자료이다. 이에 대한 설명으로 옳은 것은? (단, 순자산 = 자산 – 부채)

자산		부채	
아파트	4억 원	은행 대출금	1억 원
자동차	2,000만 원	자동차 할부금	500만 원
현금	500만 원		
요구불 예금	200만 원		
채권	300만 원		
주식	500만 원		

① 실물 자산은 4억 원이다.

② 아파트는 요구불예금보다 유동성이 높다.

③ 주식은 요구불예금보다 안전성이 높다.

④ 갑이 보유 현금으로 자동차할부금을 상환하여도 순자산은 변동이 없다.

28 다음 자료에 대한 분석으로 옳지 않은 것은?

어느 마을에 20가구가 살고 있으며, 가로등 총 설치비용과 마을 전체 가구가 누리는 총 만족감을 돈으로 환산한 값은 표와 같다. (단, 가로등으로부터 각 가구가 누리는 만족감의 크기는 동일하며, 설치비용은 모든 가구가 똑같이 부담한다.)

가로등 수(개)	총 설치비용(만 원)	총 만족감(만 원)
1	50	100
2	100	180
3	150	240
4	200	280
5	250	300

① 가로등이 2개 설치되었을 때는 더 늘리는 것이 합리적이다.

② 가로등 1개를 더 설치할 때마다 추가되는 비용은 일정하다.

③ 가로등을 4개 설치할 경우 각 가구가 부담해야 할 설치비용은 10만 원이다.

④ 가로등이 최적으로 설치되었을 때 마을 전체 가구가 누리는 총 만족감은 300만 원이다.

29 다음은 ○○그룹 자원관리팀에 근무하는 현수의 상황이다. A자원을 구입하는 것과 B자원을 구입하는 것에 대한 분석으로 옳지 않은 것은?

현수는 새로운 프로젝트를 위해 B자원을 구입하였다. 그런데 B자원을 주문한 날 상사가 A자원을 구입하라고 지시하자 고민하다가 결국 상사를 설득시켜 그대로 B자원을 구입하기로 결정했다. 단, 여기서 두 자원을 구입하기 위해 지불해야 할 금액은 각각 50만 원씩으로 같지만 ○○그룹에게 있어 A자원의 실익은 100만 원이고 B자원의 실익은 150만 원이다. 그리고 자원을 주문한 이상 주문 취소는 불가능하다.

① 상사를 설득시켜 그대로 B자원을 구입하기로 결정한 현수의 선택은 합리적이다.

② B자원의 구입으로 인한 기회비용은 100만 원이다.

③ B자원을 구입하기 위해 지불한 50만 원은 회수할 수 없는 매몰비용이다.

④ ○○그룹에게 있어 더 큰 실제의 이익을 주는 자원은 A자원이다.

30 〈여성권익사업 보조금 지급 기준〉과 〈여성폭력피해자 보호시설 현황〉을 근거로 판단할 때, 지급받을 수 있는 보조금의 총액이 큰 시설부터 작은 시설 순으로 바르게 나열된 것은? (단, 4개 보호시설의 종사자에는 각 1명의 시설장이 포함되어 있다)

〈여성권익사업 보조금 지급 기준〉

1. 여성폭력피해자 보호시설 운영비
   - 종사자 1~2인 시설 : 240백만 원
   - 종사자 3~4인 시설 : 320백만 원
   - 종사자 5인 이상 시설 : 400백만 원
   ※ 단, 평가등급이 1등급인 보호시설에는 해당 지급액의 100%를 지급하지만, 2등급인 보호시설에는 80%, 3등급인 보호시설에는 60%를 지급한다.
2. 여성폭력피해자 보호시설 사업비
   - 종사자 1~3인 시설 : 60백만 원
   - 종사자 4인 이상 시설 : 80백만 원
3. 여성폭력피해자 보호시설 종사자 장려수당
   - 종사자 1인당 50백만 원
   ※ 단, 종사자가 5인 이상인 보호시설의 경우 시설장에게는 장려수당을 지급하지 않는다.
4. 여성폭력피해자 보호시설 입소자 간식비
   - 입소자 1인당 1백만 원

〈여성폭력피해자 보호시설 현황〉

보호시설	종사자 수(인)	입소자 수(인)	평가등급
A	4	7	1
B	2	8	1
C	4	10	2
D	5	12	3

① A - C - D - B ② A - D - C - B
③ C - A - B - D ④ D - A - C - B

31~32 다음은 어느 회사의 사내 복지 제도와 지원내역에 관한 자료이다. 물음에 답하시오.

〈2021년 사내 복지 제도〉

주택 지원
주택구입자금 대출
전보자 및 독신자를 위한 합숙소 운영

자녀학자금 지원
중고생 전액지원, 대학생 무이자융자

경조사 지원
사내근로복지기금을 운영하여 각종 경조금 지원

기타
사내 동호회 활동비 지원
상병 휴가, 휴직, 4대보험 지원
생일 축하금(상품권 지급)

〈2021년 1/4분기 지원 내역〉

이름	부서	직위	내역	금액(만원)
엄영식	총무팀	차장	주택구입자금 대출	–
이수연	전산팀	사원	본인 결혼	10
임효진	인사팀	대리	독신자 합숙소 지원	–
김영태	영업팀	과장	휴직(병가)	–
김원식	편집팀	부장	대학생 학자금 무이자융자	–
심민지	홍보팀	대리	부친상	10
이영호	행정팀	대리	사내 동호회 활동비 지원	10
류민호	자원팀	사원	생일(상품권 지급)	5
백성미	디자인팀	과장	중학생 학자금 전액지원	100
채준민	재무팀	인턴	사내 동호회 활동비 지원	10

31 인사팀에 근무하고 있는 사원 B씨는 2021년 1분기에 지원을 받은 사원들을 정리했다. 다음 중 분류가
잘못된 사원은?

구분	이름
주택 지원	엄영식, 임효진
자녀학자금 지원	김원식, 백성미
경조사 지원	이수연, 심민지, 김영태
기타	이영호, 류민호, 채준민

① 엄영식   ② 김원식
③ 심민지   ④ 김영태

32 사원 B씨는 위의 복지제도와 지원 내역을 바탕으로 2분기에도 사원들을 지원하려고 한다. 지원한 내용으
로 옳지 않은 것은?

① 엄영식 차장이 장모상을 당하셔서 경조금 10만원을 지원하였다.
② 심민지 대리가 동호회에 참여하게 되어서 활동비 10만원을 지원하였다.
③ 이수연 사원의 생일이라서 현금 5만원을 지원하였다.
④ 류민호 사원이 결혼을 해서 10만원을 지원하였다.

33 다음 중 집단의 유형이 다른 것은?

① 사내 산악회   ② 신우회
③ TF팀   ④ 영어회화 동호회

34 일반적인 기업에는 여러 형태의 조직이 있는데, 이 중 라인 & 스태프형 물류조직은 직능형 조직의 결점을 보완하여 라인과 스태프의 기능을 나누어 세분화한 물류관리조직의 핵(核)이 되는 조직형태로, 작업기능 및 지원기능으로 구분되어 있어 스태프가 라인을 지원하는 형태의 조직을 의미하는데, 아래의 그림은 이를 도식화한 것이다. 다음 중 이에 대한 설명으로 가장 옳지 않은 사항을 고르면?

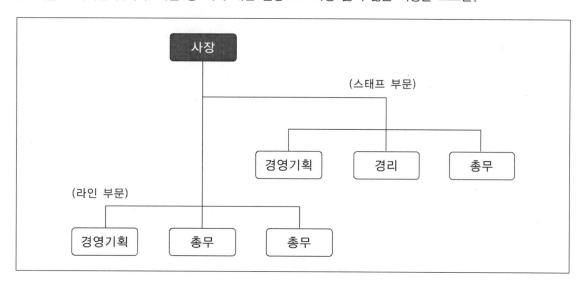

① 영업계획 등 기업 전반의 업무를 관할한다.
② 유통전체의 시스템을 조절할 수 있게 보조한다.
③ 실시기능과 지원기능을 명확하게 하지 못한다는 결점이 있다.
④ 일종의 스텝 왕국이 되어서 현장에 대한 이해가 없이 계획을 입안하는 탁상계획이 되기가 쉽다.

35 다음은 관리조직의 일반적인 업무내용을 나타내는 표이다. 표를 참고할 때, C대리가 〈보기〉와 같은 업무를 처리하기 위하여 연관되어 있는 팀만으로 나열된 것은 어느 것인가?

부서명	업무내용
총무팀	집기비품 및 소모품의 구입과 관리, 사무실 임차 및 관리, 차량 및 통신시설의 운영, 국내외 출장 업무 협조, 사내외 홍보 광고업무, 회의실 및 사무 공간 관리, 사내·외 행사 주관
인사팀	조직기구의 개편 및 조정, 업무분장 및 조정, 인력수급계획 및 관리, 노사관리, 평가관리, 상벌관리, 인사발령, 교육체계 수립 및 관리, 임금제도, 복리후생제도 및 지원업무, 복무관리, 퇴직관리
기획팀	경영계획 및 전략 수립, 전사기획업무 종합 및 조정, 경영정보 조사 및 기획보고, 경영진단업무, 종합예산수립 및 실적관리, 단기사업계획 종합 및 조정, 사업계획, 손익추정, 실적관리 및 분석
외환팀	수출입 외화자금 회수, 외환 자산 관리 및 투자, 수출 물량 해상 보험 업무, 직원 외환업무 관련 교육 프로그램 시행, 영업활동에 따른 환차손익 관리 및 손실 최소화 방안 강구
회계팀	회계제도의 유지 및 관리, 재무상태 및 경영실적 보고, 결산 관련 업무, 재무제표 분석 및 보고, 법인세, 부가가치세, 국세 지방세 업무자문 및 지원, 보험가입 및 보상업무, 고정자산 관련 업무

〈보기〉

C대리는 오늘 매우 바쁜 하루를 보내야 한다. 항공사의 파업으로 비행 일정이 아직 정해지지 않아 이틀 후로 예정된 출장이 확정되지 않고 있다. 일정 확정 통보를 받는 즉시 지사와 연락을 취해 현지 거래처와의 미팅 일정을 논의해야 한다. 또한, 지난 주 퇴직한 선배사원의 퇴직금 정산 내역을 확인하여 이메일로 자료를 전해주기로 하였다. 오후에는 3/4분기 사업계획 관련 전산입력 담당자 회의에 참석하여야 하며, 이를 위해 회의 전 전년도 실적 관련 자료를 입수해 확인해 두어야 한다.

① 인사팀, 기획팀, 외환팀　　　　　　② 총무팀, 기획팀, 회계팀

③ 총무팀, 인사팀, 외환팀, 회계팀　　④ 총무팀, 인사팀, 기획팀, 회계팀

❙36~40❙ 다음 결재규정을 보고 주어진 상황에 알맞게 작성된 양식을 고르시오.

〈결제규정〉

• 결재를 받으려면 업무에 대해서는 최고결재권자(대표이사)를 포함한 이하 직책자의 결재를 받아야 한다.
• '전결'이라 함은 회사의 경영활동이나 관리활동을 수행함에 있어 의사결정이나 판단을 요하는 일에 대하여 최고결재권자의 결재를 생략하고, 자신의 책임 하에 최종적으로 의사결정이나 판단을 하는 행위를 말한다.
• 전결사항에 대해서도 위임 받은 자를 포함한 이하 직책자의 결재를 받아야 한다.
• 표시내용 : 결재를 올리는 자는 최고결재권자로부터 전결사항을 위임 받은 자가 있는 경우 결재란에 전결이라고 표시하고 최종 결재권자에 위임 받은 자를 표시한다. 다만, 결재가 불필요한 직책자의 결재란은 상황 대각선으로 표시한다.
• 최고결재권자의 결재사항 및 최고결재권자로부터 위임된 전결사항은 다음의 표에 따른다.

구분	내용	금액기준	결재서류	팀장	본부장	대표이사
접대비	거래처 식대, 경조사비 등	20만 원 이하	접대비지출품의서 지출결의서	● ■		
		30만 원 이하			● ■	
		30만 원 초과				● ■
교통비	국내 출장비	30만 원 이하	출장계획서 출장비신청서	● ■		
		50만 원 이하		●	■	
		50만 원 초과		●		■
	해외 출장비			●		■
소모품비	사무용품		지출결의서	■		
	문서, 전산소모품					■
	기타 소모품	20만 원 이하		■		
		30만 원 이하			■	
		30만 원 초과				■
교육 훈련비	사내외 교육		기안서 지출결의서	●		■
법인카드	법인카드 사용	50만 원 이하	법인카드신청서	■		
		100만 원 이하			■	
		100만 원 초과				■

● : 기안서, 출장계획서, 접대비지출품의서
■ : 지출결의서, 세금계산서, 발행요청서, 각종 신청서

36 영업부 사원 L씨는 편집부 K씨의 부친상에 부조금 50만 원을 회사 명의로 지급하기로 하였다. L씨가 작성한 결재 방식은?

①

접대비지출품의서			
결재	담당	팀장	본부장	최종 결재

결재	담당	팀장	본부장	최종 결재
	L	╱	╱	팀장

②

접대비지출품의서			
결재	담당	팀장	본부장	최종 결재
	L	╱	전결	본부장

③

지출결의서			
결재	담당	팀장	본부장	최종 결재
	L	전결	╱	대표이사

④

지출결의서			
결재	담당	팀장	본부장	최종 결재
	L			대표이사

37 영업부 사원 I씨는 거래업체 직원들과 저녁 식사를 위해 270,000원을 지불하였다. I씨가 작성해야 하는 결재 방식으로 옳은 것은?

①
접대비지출품의서			
결재	담당	팀장	본부장	최종 결재
	I			전결

②
접대비지출품의서			
결재	담당	팀장	본부장	최종 결재
	I	전결		본부장

③
지출결의서			
결재	담당	팀장	본부장	최종 결재
	I	전결		본부장

④
접대비지출품의서			
결재	담당	팀장	본부장	최종 결재
	I		전결	본부장

38 영상 촬영팀 사원 Q씨는 외부 교육업체로부터 1회에 20만 원씩 총 5회에 걸쳐 진행하는 〈디지털 영상 복원 기술〉 강의를 수강하기로 하였다. Q씨가 작성해야 할 결재 방식으로 옳은 것은?

①

기안서			
결재 담당	팀장	본부장	최종 결재
Q			전결

②

지출결의서			
결재 담당	팀장	본부장	최종 결재
Q	전결		대표이사

③

기안서			
결재 담당	팀장	본부장	최종 결재
Q	전결		팀장

④

지출결의서			
결재 담당	팀장	본부장	최종 결재
Q			전결

39 편집부 직원 R씨는 해외 시장 모색을 위해 영국행 비행기 티켓 500,000원과 호주행 비행기 티켓 500,000원을 지불하였다. R씨가 작성해야 할 결재 방식으로 옳은 것은?

①

출장계획서			
결재 담당	팀장	본부장	최종 결재
R			전결

②

출장계획서			
결재 담당	팀장	본부장	최종 결재
R		전결	본부장

③

출장비신청서			
결 재	담당	팀장	본부장	최종 결재
	R	전결		본부장

④

출장비신청서			
결 재	담당	팀장	본부장	최종 결재
	R			대표이사

40 편집부 사원 S는 회의에 사용될 인쇄물을 준비하던 도중 잉크 카트리지가 떨어진 것을 확인하였다. 그래서 급하게 개당 가격이 150,000원인 토너 2개를 법인카드로 구매하려고 한다. 이때 S가 작성할 결재 방식으로 옳은 것은?

①

지출결의서			
결 재	담당	팀장	본부장	최종 결재
	S			전결

②

법인카드신청서			
결 재	담당	팀장	본부장	최종 결재
	S	전결		팀장

③

지출결의서			
결 재	담당	팀장	본부장	최종 결재
	S	전결	전결	본부장

④

법인카드신청서			
결 재	담당	팀장	본부장	최종 결재
	S			대표이사

40문항/60분 실력평가 모의고사

1 다음 글의 제목으로 가장 적절한 것을 고르시오.

> 새로운 지식의 발견은 한 학문 분과 안에서만 영향을 끼치지 않는다. 가령 뇌 과학의 발전은 버츄얼 리얼리티라는 새로운 현상을 가능하게 하고 이것은 다시 영상공학의 발전으로 이어진다. 이것은 새로운 인지론의 발전을 촉발시키는 한편 다른 쪽에서는 신경경제학, 새로운 마케팅 기법의 발견 등으로 이어진다. 이것은 다시 새로운 윤리적 관심사를 촉발하며 이에 따라 법학적 논의도 이루어지게 된다. 다른 쪽에서는 이러한 새로운 현상을 관찰하며 새로운 문학, 예술 형식이 발견되고 콘텐츠가 생성된다. 이와 같이 한 분야에서의 지식의 발견과 축적은 계속적으로 마치 도미노 현상처럼 인접 분야에 영향을 끼칠 뿐 아니라 예측하기 어려운 방식으로 환류한다. 이질적 학문에서 창출된 지식들이 융합을 통해 기존 학문은 변혁되고 새로운 학문이 출현하며 또다시 이것은 기존 학문의 발전을 이끌어내고 있는 것이다.

① 학문의 복잡성
② 이질적 학문의 상관관계
③ 지식의 상호 의존성
④ 신지식 창출의 형태와 변화 과정

풀이종료시간 : [   ] – [   ]

풀이소요시간 : [   ]분 [   ]초

▮2~3▮ 다음 문장들을 순서에 맞게 배열한 것을 고르시오.

2

㈎ 현재 전하고 있는 갑인자본을 보면 글자획에 필력의 약동이 잘 나타나고 글자 사이가 여유 있게 떨어지고 있으며 판면이 커서 늠름하다.

㈏ 이 글자는 자체가 매우 해정(글씨체가 바르고 똑똑함)하고 부드러운 필서체로 진나라의 위부인자체와 비슷하다 하여 일명 '위부인자'라 일컫기도 한다.

㈐ 경자자와 비교하면 대자와 소자의 크기가 고르고 활자의 네모가 평정하며 조판도 완전한 조립식으로 고안하여 납을 사용하는 대신 죽목으로 빈틈을 메우는 단계로 개량·발전되었다.

㈑ 또 먹물이 시커멓고 윤이 나서 한결 선명하고 아름답다. 이와 같은 이유로 이 활자는 우리나라 활자본의 백미에 속한다.

㈒ 갑인자는 1434년(세종 16)에 주자소에서 만든 동활자로 그보다 앞서 만들어진 경자자의 자체가 가늘고 **빽빽**하여 보기가 어려워지자 좀 더 큰 활자가 필요하다하여 1434년 갑인년에 왕명으로 주조된 활자이다.

㈓ 이 활자를 만드는 데 관여한 인물들은 당시의 과학자나 또는 정밀한 천문기기를 만들었던 기술자들이었으므로 활자의 모양이 아주 해정하고 바르게 만들어졌다.

① ㈒－㈏－㈓－㈐－㈎－㈑

② ㈏－㈒－㈑－㈎－㈐－㈓

③ ㈒－㈎－㈓－㈐－㈏－㈑

④ ㈏－㈒－㈎－㈑－㈐－㈓

3

(가) 이 그림의 부제가 암시하듯, 그림 속의 사물들은 각각 인간의 오감을 상징한다. 당시 많은 화가들이 따랐던 도상적 관례에 의거하면, 붉은 포도주와 빵은 미각과 성찬을 상징한다. 카네이션은 그리스도의 수난과 후각을, 만돌린과 악보는 청각을 나타낸다. 지갑은 탐욕을, 트럼프 카드와 체스 판은 악덕을 상징하는데, 이들은 모두 촉각을 상징하기도 한다. 그림 오른편 벽에 걸려 있는 팔각형의 거울은 시각과 함께 교만을 상징한다.

(나) 루뱅 보쟁의 〈체스 판이 있는 정물 – 오감〉에는 테이블 위로 몇 가지 물건들이 보인다. 흑백의 체스 판 위에는 카네이션이 꽂혀 있는 꽃병이 놓여 있다. 꽃병에 담긴 물과 꽃병의 유리 표면에는 이 그림 광원인 창문과 거기에서 나오는 다양한 빛의 효과가 미묘하게 표현되어 있다. 그 빛은 테이블 왼편 끝에 놓인 유리잔에도 반사될 뿐만 아니라, 술잔과 꽃병 사이에 놓인 흰 빵, 테이블 전면에 놓인 만돌린과 펼쳐진 악보, 지갑과 트럼프 카드에도 골고루 비치고 있다. 이처럼 보쟁은 섬세한 빛의 처리를 통해 물건들에 손으로 만지는 듯한 질감과 함께 시각적 아름다움을 부여했다.

(다) 이와 같은 사물들의 다의적인 의미에도 불구하고, 당시 오감을 주제로 그린 다른 화가들의 작품들로부터 이 그림의 의미를 찾을 수 있다. 당시 대부분의 오감 정물화는 세상의 부귀영화가 얼마나 허망한지를 강조하며, 현실의 욕망에 집착하지 말고 영적인 성장을 위해 힘쓰라고 격려했다. 이 사실로부터 우리는 중세적 도상 전통에서 '일곱 가지 커다란 죄' 중의 교만을 상징하는 거울에 주목하게 된다. 이때 거울은 자기 자신의 인식, 깨어 있는 의식에 대한 필요성으로 이해된다. 그런 점에서 이 그림은 감각적인 온갖 악덕에 빠질 수 있는 자신을 가다듬고 경계하라는 의미를 암시하고 있다. 보쟁의 정물화 속에 그려진 하나하나의 감각을 음미하다 보면 매우 은은하고 차분한 느낌과 함께 일종의 명상에 젖게 된다.

(라) 17세기 네덜란드의 경제가 급성장하고 부가 축적됨에 따라 새롭게 등장한 시민계급은 이전의 귀족과 성직자들이 즐기던 역사화나 종교화와는 달리 자신들에게 친근한 주제와 형식의 그림을 선호하게 되었다. 이러한 현실적이고 실용적인 취향에 따라 출현한 정물화는 새로운 그림 후원자들의 물질에 대한 태도를 반영했다. 화가들은 다양한 사물을 통해 물질적 풍요와 욕망을 그려 냈다. 동시에 그들은 그려진 사물을 통해 부와 화려함을 경계하는 기독교적 윤리관을 암시했다.

① (가) – (나) – (다) – (라) 　　　② (나) – (다) – (가) – (라)

③ (나) – (가) – (라) – (다) 　　　④ (라) – (나) – (가) – (다)

4 다음 주어진 문장이 들어갈 위치로 가장 적절한 곳을 고르시오.

> 이것은 논리의 결함에서 오는 것이 아니라 사실에 관한 주장들조차도 이미 그 안에 '삶을 위한 것'이라는 대전제를 본질적으로 깔고 있기 때문이다.

> 서구 과학이 지닌 한 가지 중요한 특징은 이것이 당위성이 아닌 사실성으로 시작하고 사실성으로 끝난다는 점이다. 삶의 세계 안에서 당위성은 매우 중요한 것이지만, 이것은 학문 그 자체 속에서 자연스레 도출되는 것이 아니라 이를 활용하는 당사자가 별도로 끌어들여야 하는 것이다. 이 점에서 왕왕 혼동이 일어나기도 하지만 이는 이른바 '자연주의적 오류'라 하여 경계의 대상으로 삼고 있다. (개) 특히 자연과학의 논리적 구조를 살펴보면 이 속에 당위성이 끼어들 어떠한 공간도 허락되어 있지 않다. (내)
> 그런데 매우 흥미롭게도 동양의 학문에서는 당위성과 사실성이 하나의 체계 속에 자연스럽게 서로 연결되고 있음을 볼 수 있다. (대) 동양에서 학문을 한다고 하면 선비를 떠올리는 것도 바로 이러한 데서 연유하게 된다. (래) 한편 동양 학문이 지닌 이러한 성격이 치르게 되는 대가 또한 적지 않다. 결국 물질세계의 질서를 물질세계만의 논리로 파악하는 체계, 곧 근대 과학을 이루는 데에 실패하고 만 것이다. (매)

① (개)　　　　　　　　　　　　　　② (내)
③ (대)　　　　　　　　　　　　　　④ (래)

┃5~6┃ 다음을 읽고, 빈칸에 들어갈 내용으로 가장 알맞은 것을 고르시오.

5

> 언어와 사고의 관계를 연구한 사피어(Sapir)에 의하면 우리는 객관적인 세계에 살고 있는 것이 아니다. 우리는 언어를 매개로 하여 살고 있으며, 언어가 노출시키고 분절시켜 놓은 세계를 보고 듣고 경험한다. 워프(Whorf) 역시 사피어와 같은 관점에서 언어가 우리의 행동과 사고의 양식을 주조(鑄造)한다고 주장한다. 예를 들어 어떤 언어에 색깔을 나타내는 용어가 다섯 가지밖에 없다면, 그 언어를 사용하는 사람들은 수많은 색깔을 결국 다섯 가지 색 중의 하나로 인식하게 된다는 것이다. 이는 결국 _____ 는 주장과 일맥상통한다.

① 언어와 사고는 서로 영향을 주고받는다.
② 언어가 우리의 사고를 결정한다.
③ 인간의 사고는 보편적이며 언어도 그러한 속성을 띤다.
④ 사용언어의 속성이 인간의 사고에 영향을 줄 수는 없다.

6

　　고양이는 영리한 편이지만 지능적으로 기억을 관장하는 전두엽이 발달하지 않아 썩 머리가 좋다고 할 수는 없다. 그러나 개와 더불어 고양이가 오랫동안 인간의 친구가 될 수 있었던 것은 _____ 때문이다. 주인이 슬퍼하면 고양이는 위로하듯이 응석을 부리고, 싸움이 나면 겁에 질려 걱정하고, 주인이 기뻐하면 함께 기뻐한다. 고양이는 인간의 말을 음성의 고저 등으로 이해한다. 말은 못하지만 고양이만큼 주인 마음에 민감한 동물도 없다. 어차피 동물이라 모를 거라고 무시했다가 큰코다칠 수 있다.

① 말귀를 잘 알아듣기 　　　　　　② 행동의 실천을 바로 하기

③ 감정의 이해가 아주 빠르기 　　　④ 주인에게 충성하기

7 다음 글을 읽고 알 수 있는 내용으로 적절하지 않은 것은 어느 것인가?

　　인공지능이란 인간처럼 사고하고 감지하고 행동하도록 설계된 일련의 알고리즘인데, 컴퓨터의 역사와 발전을 함께한다. 생각하는 컴퓨터를 처음 제시한 것은 컴퓨터의 아버지라 불리는 앨런 튜링(Alan Turing)이다. 앨런 튜링은 현대 컴퓨터의 원형을 제시한 인물로 알려져 있다. 그는 최초의 컴퓨터라 평가받는 에니악(ENIAC)이 등장하기 이전(1936)에 '튜링 머신'이라는 가상의 컴퓨터를 제시했다. 가상으로 컴퓨터라는 기계를 상상하던 시점부터 앨런 튜링은 인공지능을 생각한 것이다.

　　2016년에 이세돌 9단과 알파고의 바둑 대결이 화제가 됐지만, 튜링은 1940년대부터 체스를 두는 기계를 생각하고 있었다. 흥미로운 점은 튜링이 생각한 '체스 기계'는 경우의 수를 빠르게 계산하는 방식의 기계가 아니라 스스로 체스 두는 법을 학습하는 기계를 의미했다는 것이다. 요즘 이야기하는 머신러닝을 70년 전에 고안했던 것이다. 튜링의 상상을 약 70년 만에 현실화한 것이 '알파고'다. 이전에도 체스나 바둑을 두던 컴퓨터는 많았다. 하지만 그것들은 인간이 체스나 바둑을 두는 알고리즘을 입력한 것이었다. 이 컴퓨터들의 체스, 바둑 실력을 높이려면 인간이 더 높은 수준의 알고리즘을 제공해야 했다. 결국 이 컴퓨터들은 인간이 정해준 알고리즘을 수행하는 역할을 할 뿐이었다. 반면, 알파고는 튜링의 상상처럼 스스로 바둑 두는 법을 학습한 인공지능이다. 일반 머신러닝 알고리즘을 기반으로, 바둑의 기보를 데이터로 입력받아 스스로 바둑 두는 법을 학습한 것이 특징이다.

① 앨런 튜링이 인공지능을 생각해 낸 것은 컴퓨터의 등장 이전이다.

② 앨런 튜링은 세계 최초의 머신러닝 발명품을 고안해냈다.

③ 알파고는 스스로 학습하는 인공지능을 지녔다.

④ 알파고는 바둑을 둘 수 있는 세계 최초의 컴퓨터가 아니다.

8 다음 글에 나타난 '플로티노스'의 견해와 일치하는 것은?

> 여기에 대리석 두 개가 있다고 가정해 보자. 하나는 거칠게 깎아낸 그대로이며, 다른 하나는 조각술에 의해 석상으로 만들어져 있다. 플로티노스에 따르면 석상이 아름다운 이유는, 그것이 돌이기 때문이 아니라 조각술을 통해 거기에 부여된 '형상' 때문이다. 형상은 그 자체만으로는 질서가 없는 질료에 질서를 부여하고, 그것을 하나로 통합하는 원리이다.
>
> 형상은 돌이라는 질료가 원래 소유하고 있던 것이 아니며, 돌이 찾아오기 전부터 돌을 깎는 장인의 안에 존재하던 것이다. 장인 속에 있는 이 형상을 플로티노스는 '내적 형상'이라 부른다. 내적 형상은 장인에 의해 돌에 옮겨지고, 이로써 돌은 아름다운 석상이 된다. 그러나 내적 형상이 곧 물체에 옮겨진 형상과 동일한 것은 아니다. 플로티노스는 내적 형상이 '돌이 조각술에 굴복하는 정도'에 응해서 석상 속에 내재하게 된다고 보았다.
>
> 그렇다면 우리가 어떤 석상을 '아름답다'고 느낄 때는 어떠한 일이 일어날까? 플로티노스는 우리가 물체 속의 형상을 인지하고, 이로부터 질료와 같은 부수적 성질을 버린 후 내적 형상으로 다시 환원할 때, 이 물체를 '아름답다'고 간주한다고 보았다. 즉, 내적 형상은 장인에 의해 '물체 속의 형상'으로 구현되고, 감상자는 물체 속의 형상으로부터 내적 형상을 복원함으로써 아름다움을 느끼는 것이다.

① 장인의 조각술은 질료에 내재되어 있던 '형상'이 밖으로 표출되도록 도와주는 역할을 한다.

② 물체에 옮겨진 '형상'은 '내적 형상'과 동일할 수 없으므로 질료 자체의 질서와 아름다움에 주목해야 한다.

③ 동일한 '내적 형상'도 '돌이 조각술에 굴복하는 정도'에 따라 서로 다른 '형상'의 조각상으로 나타날 수 있다.

④ 자연 그대로의 돌덩어리라 할지라도 감상자가 돌덩어리의 '내적 형상'을 복원해 낸다면 '아름답다'고 느낄 수 있다.

┃9~10┃ 다음 글을 읽고 이어지는 물음에 답하시오.

　'여가'는 개인의 문제인 동시에 요즘 사회적인 뜨거운 화두이기도 하다. 주 5일 근무제로 매주 2박3일의 휴가가 생겼는데도 그 휴가를 제대로 사용하지 못하고 무의미하게 흘려보낸다면 그것은 심각한 사회문제일 수 있다. 이처럼 사회 구성원들이 여가를 어떻게 보내는가 하는 문제는 개인의 차원에서 벗어나 사회학적·심리학적·경제학적 연구 대상이 되고 있다.

　'레저 사이언스'(Leisure Science)라고 불리는 여가학은 서구 사회에서는 이미 학문의 한 영역에 편입된 지 오래다. 미국의 일리노이 주립대와 조지아대, 캐나다의 워털루대 등에 학과가 개설돼 있다. 사회과학, 사회체육, 관광학 등이 여가학의 모태다. 사회과학자들은 심리학, 사회학 문화이론의 관점에서 여가학을 연구하는 데 반해, 사회체육은 '여가치료'라는 개념으로 여가학을 조망한다. 반면 관광학 쪽은 산업의 측면에서 여가학을 다루고 있다. 국내에서도 M대학에 여가정보학과가 개설되어 있다.

　M대학 여가정보학과의 김 교수는 "여가를 즐기는 것은 단순히 노는 게 아니라 문화를 구성하는 과정입니다. 세계 어느 나라나 일하는 패턴은 비슷합니다. 그러나 각 나라마다 노는 방식은 천차만별이죠. 따라서 여가학은 문화연구의 한 분야라고 할 수 있습니다." 라고 말한다. 그는 또 '여가에 대한 환상을 버리라'고 충고한다. 개개인이 가족과 함께 놀 수 있는 능력을 개발하지 않는 한, 긴 여가는 오히려 괴로운 시간이 될지도 모른다는 것이다. "한국의 성인 남성들은 '독수리 5형제 증후군'에 빠져 있습니다. 무언가 대단한 일을 하지 않으면 인생의 의미가 없다는 식의 시각이죠. 하지만 여가를 잘 보내기 위해서는 사소하고 작은 일에도 재미를 느끼고 그 재미를 가족과 공유할 수 있는 자세가 필요합니다."

　그렇다면 왜 한국인들은 여가를 제대로 즐기지 못하는 것일까? 적잖은 기성세대는 '놀이'라고 하면 기껏해야 술을 마시거나 고스톱 정도밖에 떠올리지 못하는 것이 현실이다. 지난 91년 일찌감치 한국인의 여가문화 분야에서 박사학위를 받은 부산대의 한 교수는 여가를 규정하는 중요한 변수 두 가지로 시간과 경제적 요인, 즉 돈을 꼽았다. 휴일이 늘어난다고 해도 경제적 여유와 직업의 안정성이 함께 충족되지 않는 한, 여가를 즐길 수 있는 마음의 여유가 생겨나기는 어렵다. 결국 잠을 자거나 아무 생각 없이 몰두할 수 있는 술, 도박 등에 빠지게 된다는 것이다.

　사실 진정한 의미의 여가는 주말에만 국한되는 것이 아니다. 최근의 직장인들이 느끼는 '체감정년'은 38세라고 한다. 반면 평균수명은 이미 70세를 훌쩍 넘어 80세를 넘보고 있다. 직장 은퇴 이후 30여년의 여가를 어떻게 보내는가는 어떠한 직장을 선택하느냐 못지않게 중요한 문제가 되었다. 결국 여가학은 단순히 주말을 어떻게 보내는가의 차원이 아니라 좀 더 잘살 수 있는 방법에 대한 연구, 즉 삶의 질을 높이기 위한 학문인 셈이다.

9 윗글에서 궁극적으로 의미하는 바를 가장 적절하게 요약한 것은 어느 것인가?

① 한국인들의 놀이문화는 한두 가지 방법에 국한되어 있다.

② 놀 줄 모르는 한국인들은 여가학에 관심을 가질 필요가 있다.

③ 국내에도 여가학을 공부할 수 있는 대학 과정이 보강되어야 한다.

④ 여가를 즐기기 위해 경제적인 독립을 이루어야 한다.

10 다음 중 윗글에서 이야기하는 논지에 부합하지 않는 것은 어느 것인가?

① 여가는 평소에 하지 못했던 대단한 활동을 해야만 하는 것은 아니다.

② 여가는 오히려 아무 일 없이 내적인 자유를 누리는 것이 진정한 향유 방법이다.

③ 한국인들은 여가를 보다 다양한 활동들로 구성할 필요가 있다.

④ 여가의 가장 큰 목적은 삶의 질을 제고할 수 있어야 한다는 것이다.

11 다음은 특보의 종류 및 기준에 관한 자료이다. ㉠과 ㉡의 상황에 어울리는 특보를 올바르게 짝지은 것은?

〈특보의 종류 및 기준〉

종류	주의보	경보
강풍	육상에서 풍속 14m/s 이상 또는 순간풍속 20m/s 이상이 예상될 때. 다만, 산지는 풍속 17m/s 이상 또는 순간풍속 25m/s 이상이 예상될 때	육상에서 풍속 21m/s 이상 또는 순간풍속 26m/s 이상이 예상될 때. 다만, 산지는 풍속 24m/s 이상 또는 순간풍속 30m/s 이상이 예상될 때
호우	6시간 강우량이 70mm 이상 예상되거나 12시간 강우량이 110mm 이상 예상될 때	6시간 강우량이 110mm 이상 예상되거나 12시간 강우량이 180mm 이상 예상될 때
태풍	태풍으로 인하여 강풍, 풍랑, 호우 현상 등이 주의보 기준에 도달할 것으로 예상될 때	태풍으로 인하여 풍속이 17m/s 이상 또는 강우량이 100mm 이상 예상될 때. 다만, 예상되는 바람과 비의 정도에 따라 아래와 같이 세분한다. |	3급	2급	1급
바람(m/s)	17~24	25~32	33이상
비(mm)	100~249	250~399	400이상	
폭염	6월~9월에 일최고기온이 33℃ 이상이고, 일최고열지수가 32℃ 이상인 상태가 2일 이상 지속될 것으로 예상될 때	6월~9월에 일최고기온이 35℃ 이상이고, 일최고열지수가 41℃ 이상인 상태가 2일 이상 지속될 것으로 예상될 때

㉠ 태풍이 남해안에 상륙하여 울산지역에 270mm의 비와 함께 풍속 26m/s의 바람이 예상된다.
㉡ 지리산에 오후 3시에서 오후 9시 사이에 약 130mm의 강우와 함께 순간풍속 28m/s가 예상된다.

	㉠	㉡
①	태풍경보 1급	호우주의보
②	태풍경보 2급	호우경보＋강풍주의보
③	태풍주의보	강풍주의보
④	태풍경보 2급	호우경보＋강풍경보

12 일식, 이식, 삼식, 사식, 오식 5명이 마피아 게임을 하고 있다. 마피아는 1명이며, 5명의 진술 중 한명만이 진실을 말하고 4명은 거짓말을 하고 있다. 진실을 말하는 사람은 누구인가?

> • 일식 : 이식이가 마피아다.
> • 이식 : 일식이는 거짓말을 하고 있다.
> • 삼식 : 나는 마피아가 아니다.
> • 사식 : 마피아는 일식이다.
> • 오식 : 내가 마피아다.

① 일식   ② 이식
③ 삼식   ④ 사식

13 A, B, C, D, E 5명이 일렬로 앉아 있을 때 다음 조건에 따라 거짓인 것은?

> • B는 E보다 앞에 앉아 있다.
> • A는 D보다 앞에 앉아 있다.
> • B는 C보다 앞에 앉아 있다.
> • C는 E보다 앞에 앉아 있다.
> • E는 A보다 앞에 앉아 있다.

① E는 앞에서 두 번째에 앉아 있다.   ② B가 맨 앞에 아 있다.
③ 맨 뒤에 은 사람은 D이다.   ④ C는 D보다 앞에 앉아 있다.

14 다음 중 찾는 문제에 해당하는 것은?

① 고객센터의 센터장 A에게 친절도에 대한 고객들의 클레임이 발생했다.
② 제작부서의 B에게 제작능률을 15% 높이라는 임무가 떨어졌다.
③ 해외영업팀의 C에게 해외 시장 진출에 있어 발생 가능한 문제를 파악하라는 지시가 내려왔다.
④ 생산부서의 D는 중국에 공장을 설치할 때 고려해야 하는 문제들이 무엇인지 판단해야 하는 상황에 직면했다.

|15~16| 다음의 말이 전부 참일 때 항상 참인 것을 고르시오.

15

- A와 B는 같은 의자에 앉는다.
- A와 C는 다른 의자에 앉는다.
- D는 혼자 앉는다.
- E는 B와 다른 의자에 앉는다.
- 의자는 총 5개이다.

① E는 혼자 앉는다.

② E는 C와 같은 의자에 앉는다.

③ C는 B와 다른 의자에 앉는다.

④ 두 개의 의자는 비어있다.

16

- A사의 3G는 와이파이보다 빠르다.
- A, B사의 4G는 A사의 3G보다 빠르다.
- C사의 3G는 와이파이보다 느리다.
- 4G는 B사가 A사보다 빠르다.

① 3G는 B사가 가장 빠르다.

② 4G는 B사가 가장 빠르다.

③ 3G는 C사가 가장 느리다.

④ 어떤 3G는 와이파이보다 빠르다.

17 주어진 결론을 반드시 참으로 하는 전제를 고르시오.

> 전제 1 : _____
>
> 전제 2 : 어떤 여자는 S대학교에 입학했다.
>
> 결론 : 사교육을 받은 어떤 여자는 S대학교에 입학했다.

① 모든 여자는 사교육을 받았다.

② 모든 여자는 사교육을 받지 않았다.

③ 어떤 여자는 사교육을 받았다.

④ 어떤 여자는 사교육을 받지 않았다.

18 A, B, C, D 네 명의 용의자가 살인사건 현장에서 심문을 받고 있다. 용의자들의 진술이 다음과 같고 네 사람 가운데 한명만 진실을 말하고 있다면 다음 중 살인자는 누구인가?

> • A : B가 살인을 저질렀습니다.
>
> • B : D가 살인을 저질렀어요.
>
> • C : 난 살인을 저지르지 않았어요.
>
> • D : B가 거짓말을 하고 있어요.

① A   ② B

③ C   ④ D

19 다음과 같은 구조를 가진 어느 호텔에 A~H 8명이 투숙하고 있고, 알 수 있는 정보가 다음과 같다. B의 방이 204호일 때, D의 방은? (단, 한 방에는 한 명씩 투숙한다)

a라인	201	202	203	204	205
복도					
b라인	210	209	208	207	206

- 비어있는 방은 한 라인에 한 개씩 있고, A, B, F, H는 a라인에, C, D, E, G는 b라인에 투숙하고 있다.
- A와 C의 방은 복도를 사이에 두고 마주보고 있다.
- F의 방은 203호이고, 맞은 편 방은 비어있다.
- C의 오른쪽 옆방은 비어있고 그 옆방에는 E가 투숙하고 있다.
- B의 옆방은 비어있다.
- H와 D는 누구보다 멀리 떨어진 방에 투숙하고 있다.

① 202호 ② 205호
③ 206호 ④ 207호

20 A, B, C, D가 프리드로우(농구에서 제자리에 서서 공을 골대에 넣는 슛)경기를 했다. 다음의 〈규칙〉과 〈결과〉에 근거할 때, 옳은 것을 고르면?

〈규칙〉

- 한 라운드에 세 번의 기회가 주어지며, 공을 넣는데 성공하거나 세 번의 기회를 다 쓰면 라운드가 종료된다.
- 첫 시도에서 성공하면 5점, 두 번째 시도에서 성공하면 4점, 세 번째 시도에서 성공하면 3점을 얻게 되며, 세 번째 시도에서도 공을 넣지 못하면 1점으로 처리한다.
- 총 2라운드를 진행하여 각 라운드에서 얻은 점수를 합산하여 높은 점수를 얻은 참가자 순서대로 우승, 준우승, 3등, 4등이 결정된다.
- 동점이 나오는 경우 1라운드의 고득점자가 더 높은 순위를 얻게 된다.

〈결과〉

다음은 참가자가 각 라운드 당 공을 던진 횟수이다.

	A	B	C	D
1라운드	3회	1회	2회	3회
2라운드	3회	3회	1회	2회

① B는 다른 참가자들의 경기결과에 상관없이 준우승이다.

② D가 1라운드에 공을 넣지 못했다면 다른 참가자들의 경기결과에 상관없이 4등이다.

③ A와 B가 같은 점수를 받는다면 더 높은 순위를 얻는 사람은 B이다.

④ C는 우승이 아닐 수도 있다.

21 어느 회사에서 영업부, 편집부, 홍보부, 전산부, 영상부, 사무부에 대한 직무조사 순서를 정할 때 다음과 같은 조건을 충족시켜야 한다면 순서로 가능한 것은?

- 편집부에 대한 조사는 전산부 또는 영상부 중 어느 한 부서에 대한 조사보다 먼저 시작되어야 한다.
- 사무부에 대한 조사는 홍보부나 전산부에 대한 조사보다 늦게 시작될 수는 있으나, 영상부에 대한 조사보다 나중에 시작될 수 없다.
- 영업부에 대한 조사는 아무리 늦어도 홍보부 또는 전산부 중 적어도 어느 한 부서에 대한 조사보다는 먼저 시작되어야 한다.

① 홍보부 – 편집부 – 사무부 – 영상부 – 전산부 – 영업부
② 영상부 – 홍보부 – 편집부 – 영업부 – 사무부 – 전산부
③ 전산부 – 영업부 – 편집부 – 영상부 – 사무부 – 홍보부
④ 편집부 – 홍보부 – 영업부 – 사무부 – 영상부 – 전산부

22 다음에서 설명하는 예산제도는 무엇인가?

이것은 정부 예산이 여성과 남성에게 미치는 영향을 평가하고 이를 반영함으로써 예산에 뒷받침되는 정책과 프로그램이 성별 형평성을 담보하고, 편견과 고정관념을 배제하며, 남녀 차이를 고려하여 의도하지 않은 예산의 불평등한 배분효과를 파악하고, 이에 대한 개선안을 제시함으로써 궁극적으로 예산의 배분규칙을 재정립할 수 있도록 하는 제도이다. 또한 정책의 공정성을 높일 수 있으며, 남녀의 차이를 고려하므로 정책이 더 효율적이고 양성 평등한 결과를 기대할 수 있다. 그리하여 남성과 여성이 동등한 수준의 삶의 질을 향유할 수 있다는 장점이 있다.

① 품목별예산제도   ② 성인지예산제도
③ 영기준예산제도   ④ 성과주의예산제도

23 물적 자원 활용의 방해요인 중 다음 사례에 해당되는 것끼리 바르게 묶인 것은?

> 건설회사에 다니는 박과장은 하나의 물건을 오랫동안 사용하지 못하고 수시로 바꾸는 것으로 동료들에게 유명하다. 며칠 전에도 사무실에서 작업공구를 사용하고 아무 곳에 놓았다가 잊어버려 새로 구입하였고 오늘은 며칠 전에 구입했던 핸드폰을 만지다 떨어뜨려 A/S센터에 수리를 맡기기도 했다. 박과장은 이렇게 물건을 사용하고 제자리에 두기만 하면 오랫동안 잃어버리지 않고 사용할 수 있는데도 평소 아무 생각 없이 물건을 방치하여 새로 구입한 적이 허다하고 조금만 조심해서 사용하면 굳이 비싼 돈을 들여 다시 수리를 맡기지 않아도 될 것을 함부로 다루다가 망가뜨려 수리를 맡긴 적이 한두 번이 아니다. 박과장은 이러한 일로 매달 월급의 3분의 1을 소비하며 매일 자기 자신의 행동에 대해 후회하고 있다.

① 구입하지 않은 경우, 훼손 및 파손된 경우
② 보관 장소를 파악하지 못한 경우, 훼손 및 파손된 경우
③ 구입하지 않은 경우, 분실한 경우
④ 보관 장소를 파악하지 못한 경우, 분실한 경우

24 인사팀에 신입사원 민기씨는 회사에서 NCS채용 도입을 위한 정보를 얻기 위해 NCS기반 능력중심채용 설명회를 다녀오려고 한다. 민기씨는 오늘 오후 1시까지 김대리님께 보고서를 작성해서 드리고 30분 동안 피드백을 받기로 했다. 오전 중에 정리를 마치려면 시간이 빠듯할 것 같다. 다음에 제시된 설명회 자료와 교통편을 보고 민기씨가 생각한 것으로 틀린 것은?

최근 이슈가 되고 있는 공공기관의 NCS 기반 능력중심 채용에 관한 기업들의 궁금증 해소를 위하여 붙임과 같이 설명회를 개최하오니 많은 관심 부탁드립니다.

감사합니다.

－붙임－

설명회 장소	일시	비고
서울고용노동청(5층) 컨벤션홀	2016. 7. 29(금) 15:00~17:00	설명회의 원활한 진행을 위해 설명회 시작 15분 뒤부터는 입장을 제한합니다.

오시는 길
지하철 : 2호선 을지로입구역 4번 출구(도보 10분 거리)
버스 : 149, 152번 ○○센터(도보 5분 거리)
• 회사에서 버스정류장 및 지하철역까지 소요시간

출발지	도착지	소요시간	
회사	×× 정류장	도보	30분
		택시	10분
	지하철역	도보	20분
		택시	5분

• 서울고용노동청 가는 길

교통편	출발지	도착지	소요시간
지하철	잠실역	을지로입구역	1시간(환승포함)
버스	×× 정류장	○○센터 정류장	50분(정체 시 1시간 10분)

① 택시를 타지 않아도 버스를 타고 가면 늦지 않게 설명회에 갈 수 있다.

② 어떤 방법으로 이동하더라도 설명회에 입장은 가능하다.

③ 택시를 타지 않아도 지하철을 타고 가면 늦지 않게 설명회에 갈 수 있다.

④ 정체가 되지 않는다면 버스를 타고 가는 것이 지하철보다 빠르게 갈 수 있다.

25 다음은 B씨가 알아본 여행지의 관광 상품 비교표이다. 월요일에 B씨가 여행을 갈 경우 하루 평균 가격이 가장 비싼 여행지부터 순서대로 올바르게 나열한 것은 어느 것인가? (출발일도 일정에 포함, 1인당 가격은 할인 전 가격이며, 가격 계산은 버림 처리하여 정수로 표시함.)

관광지	일정	1인당 가격	비고
가	5일	599,000원	–
나	6일	799,000원	–
다	8일	999,000원	주중 20%할인
라	10일	1,999,000원	주중 50%할인

① 나-라-가-다
② 나-가-라-다
③ 나-다-가-라
④ 가-나-다-라

26 다음은 버스 종류별 운영비 내역이다. 승객 1인당 운영비가 낮을수록 버스 운행 순이익이 높다고 한다. 다음 중 가장 순이익이 낮은 버스는? (단, 다른 조건은 무시한다.)

〈버스 종류별 1일 운영비 내역〉

(단위 : 원)

	일반버스	굴절버스	저상버스
운전직 인건비	331,400	331,400	331,400
관리직 인건비	42,638	42,638	42,638
연료비	104,649	160,709	133,133
타이어비	3,313	8,282	4,306
차량보험료	16,066	21,641	16,066
정비비	9,097	45,484	13,645

〈버스 종류별 1일 승객 수〉

(단위 : 명)

버스 종류	일반버스	굴절버스	저상버스
승객 수	800	1,000	900

① 모두 동일하다.
② 일반버스
③ 굴절버스
④ 저상버스

27 직장인 K씨는 출근시간이 빠르다고 투덜대고 월급이 너무 적다고 투덜댄다. K씨의 일상을 보면 매일 새벽 3시까지 게임을 하며, 아침이나 저녁을 모두 인스턴트 음식으로 해결한다. K씨의 가장 큰 문제점은 무엇인가?

① 적은 소득

② 많은 소득

③ 적은 지출

④ 많은 지출

▮28~29▮ 다음은 서원물류담당자 J씨가 회사와 인접한 파주, 인천, 철원, 구리 4개 지점 중 최적의 물류거점을 세우려고 한다. 지점 간 거리와 물동량을 보고 물음에 답하시오.

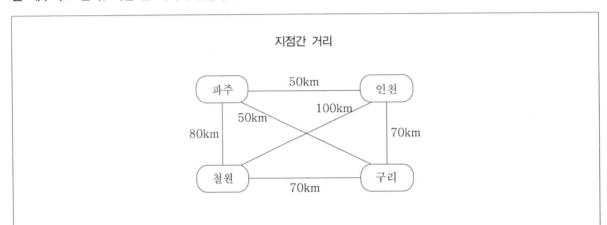

지점간 거리

지점의 물동량

지점	물동량
파주	500
인천	800
철원	400
구리	300

28 지점간 거리를 고려한 최적의 물류거점은 어디가 되는가?

① 파주

② 인천

③ 철원

④ 구리

29 지점간 거리와 물동량을 모두 고려한 최적의 물류거점은 어디가 되는가?

① 파주 ② 인천

③ 철원 ④ 구리

30 다음 중 밑줄 친 간접비용에 해당하는 것으로 짝지어진 것은?

> 비용을 두 가지로 구분하면 생산에 직접 필요한 원자재비·노임 등을 직접비용, 동력비·감가상각비 등 직접 생산에 관여하지 않는 종업원의 급여 등을 <u>간접비용</u>으로 나눌 수 있다.

① 원료, 장비 ② 재료비, 인건비

③ 광고비, 공과금 ④ 시설비, 통신비

31 다음 중 아래 조직도를 보고 잘못 이해한 것은?

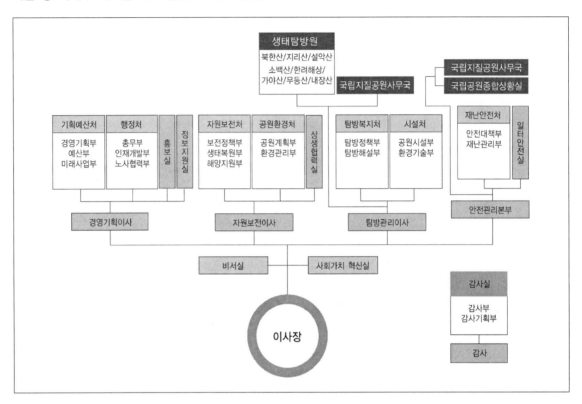

① 감사부는 이사장과 별개로 감사실 직속으로 있다.

② 환경관리부와 생태복원부는 다른 처에 소속되어 있다.

③ 자원보전이사는 경영기획이사보다 1개의 실을 더 이끌고 있다.

④ 이사장 직속으로 2개의 실, 3명의 이사, 1개의 본부가 있다.

|32~34| 다음 설명을 읽고 분석 결과에 대응하는 가장 적절한 전략을 고르시오.

SWOT분석이란 기업의 환경 분석을 통해 마케팅 전략을 수립하는 기법이다. 조직 내부 환경으로는 조직이 우위를 점할 수 있는 강점(Strength), 조직의 효과적인 성과를 방해하는 자원·기술·능력 면에서의 약점(Weakness), 조직 외부 환경으로는 조직 활동에 이점을 주는 기회(Opportunity), 조직 활동에 불이익을 미치는 위협(Threat)으로 구분된다.

※ SWOT분석에 의한 마케팅 전략
  ㉠ SO전략(강점-기회전략) : 시장의 기회를 활용하기 위해 강점을 사용하는 전략
  ㉡ ST전략(강점-위협전략) : 시장의 위협을 회피하기 위해 강점을 사용하는 전략
  ㉢ WO전략(약점-기회전략) : 약점을 극복함으로 시장의 기회를 활용하려는 전략
  ㉣ WT전략(약점-위협전략) : 시장의 위협을 회피하고 약점을 최소화하는 전략

---

32 다음은 취업준비생의 SWOT분석이다. 가장 적절한 전략은?

강점(Strength)	• 탁월한 수준의 영어 실력 • 탁월한 수준의 인터넷 실력
약점(Weakness)	• 비명문대 출신 • 대학원 진학에 대한 부모의 경제적 후원 어려움
기회(Opportunity)	• 외국 기업의 국내 진출 활성화 • 능력 위주의 인사
위협(Threat)	• 국내 대기업 신입사원 채용 기피 • 명문대 출신 우대 및 사내 파벌화

① SO전략 : 국내 기업에 입사

② ST전략 : 대기업 포기, 영어와 인터넷 실력 원하는 중소기업 입사

③ WO전략 : 명문대 대우해주는 대기업에 입사

④ WT전략 : 명문대 출신이 많은 기업에 입사

33 다음은 여성의류 인터넷쇼핑몰의 SWOT분석이다. 가장 적절한 전략은?

강점(Strength)	• 쉽고 빠른 제품선택, 시 · 공간의 제약 없음 • 오프라인 매장이 없어 비용 절감 • 고객데이터 활용의 편리성
약점(Weakness)	• 높은 마케팅비용 • 보안 및 결제시스템의 취약점 • 낮은 진입 장벽으로 경쟁업체 난립
기회(Opportunity)	• 업체 간 업무 제휴로 상생 경영 • IT기술과 전자상거래 기술 발달
위협(Threat)	• 경기 침체의 가변성 • 잦은 개인정보유출사건으로 인한 소비자의 신뢰도 하락 • 일부 업체로의 집중화에 의한 독과점 발생

① SO전략 : 악세사리 쇼핑몰과의 제휴로 마케팅비용을 줄인다.

② ST전략 : 높은 IT기술을 이용하여 보안부문을 강화한다.

③ WO전략 : 남성의류 쇼핑몰과 제휴를 맺어 연인컨셉으로 경쟁력을 높인다.

④ WT전략 : 고객데이터를 이용하여 이벤트를 주기적으로 열어 경쟁력을 높인다.

34 다음은 K모바일메신저의 SWOT분석이다. 가장 적절한 전략은?

강점(Strength)	• 국내 브랜드 이미지 1위 • 무료 문자&통화 가능 • 다양한 기능(쇼핑, 뱅킹서비스 등)
약점(Weakness)	• 특정 지역에서의 접속 불량 • 서버 부족으로 인한 잦은 결함
기회(Opportunity)	• 스마트폰의 사용 증대 • App Store 시장의 확대
위협(Threat)	• 경쟁업체의 고급화 • 안정적인 해외 업체 메신저의 유입

① SO전략 : 다양한 기능과 서비스를 강조하여 기타 업체들과 경쟁한다.

② ST전략 : 접속 불량이 일어나는 지역의 원인을 파악하여 제거한다.

③ WO전략 : 서버를 추가적으로 구축하여 이용자를 유치한다.

④ WT전략 : 국내 브랜드 이미지를 이용하여 마케팅전략을 세운다.

35 조직변화에 대한 설명이다. 옳지 않은 것은?

① 조직의 변화는 환경의 변화를 인지하는 데에서 시작된다.

② 기존의 조직구조나 경영방식 하에서 환경변화에 따라 제품이나 기술을 변화시키는 것이다.

③ 조직의 목적과 일치시키기 위해 문화를 변화시키기도 한다.

④ 조직변화는 제품과 서비스, 전략, 구조, 기술 문화 등에서 이루어질 수 있다.

36 다음 설명의 빈칸에 들어갈 말이 순서대로 바르게 짝지어진 것은?

> ( )은(는) 상대 기업의 경영권을 획득하는 것이고, ( )은(는) 두 개 이상의 기업이 결합하여 법률적으로 하나의 기업이 되는 것이다. 최근에는 금융적 관련을 맺거나 또는 전략적인 관계까지 포함시켜 보다 넓은 개념으로 사용되고 있다. 기업은 이를 통해서 시장 지배력을 확대하고 경영을 다각화시킬 수 있으며 사업 간 시너지 효과 등을 거둘 수 있다. 이러한 개념이 발전하게 된 배경은 기업가 정신에 입각한 사회 공헌 실현 등 경영 전략적 측면에서 찾을 수 있다. 그러나 대상 기업의 대주주와 협상·협의를 통해 지분을 넘겨받는 형태를 취하는 우호적인 방식이 있는 반면 기존 대주주와의 협의 없이 기업 지배권을 탈취하는 적대적인 방식도 있다.

① 인수, 제휴
② 인수, 합작
③ 인수, 합병
④ 합병, 인수

37 H전자 1공장의 공장장 및 관리자들은 작년에 비해 눈에 띄게 늘어난 불량률 때문에 골머리를 앓고 있다. 마땅한 해결책이 없어 생산부원들과 함께 회의를 진행하였다. 주어진 의사결정 과정에 대한 도표의 각 과정에 대한 질문이 가장 적절하게 연결된 것은?

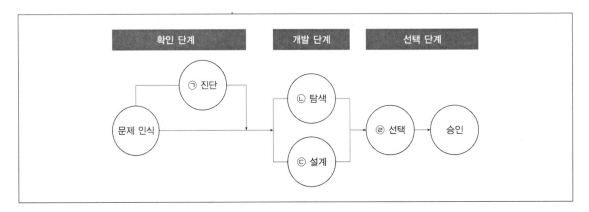

① ㉠ : 작년에 대비하여 불량률이 얼마나 증가하였는가?
② ㉡ : 불량률이 증가한 이유는 무엇인가?
③ ㉢ : 기존에 우리 공장에서 불량률을 줄이기 위해 사용했던 방안은 무엇인가?
④ ㉣ : 그 외에 새로운 방안에는 어떤 것들이 있겠는가?

38 다음 글에 나타난 업무 방해요소로 옳은 것은?

> S물류회사에 재직중인 정수는 기존 자료를 종합해 팀장님께 보고하기로 하였다. 그러나 오전부터 밀려오는 고객 불만 전화에 대응하느라 근무 시간을 상당히 할애하였다. 결국 퇴근 시간을 지나서야 보고서를 쓰게 되었고 어쩔 수 없이 야근을 하게 되었다.

① 동료와의 갈등　　　　　　　　② 업무의 스트레스
③ 다른 사람의 방문　　　　　　　④ 고객의 전화

▌39~40▌ 다음은 어느 회사의 전화 사용 요령이다. 다음을 읽고 물음에 답하시오.

1. 일반 전화 걸기
회사 외부에 전화를 걸어야 하는 경우
→수화기를 들고 9번을 누른 후 (지역번호)＋전화번호를 누른다.

2. 전화 당겨 받기
다른 직원에게 전화가 왔으나, 사정상 내가 받아야 하는 경우
→수화기를 들고 *(별표)를 두 번 누른다.
※ 다른 팀에게 걸려온 전화도 당겨 받을 수 있다.

3. 회사 내 직원과 전화하기
→수화기를 들고 내선번호를 누르면 통화가 가능하다.

4. 전화 넘겨주기
외부 전화를 받았는데 내가 담당자가 아니라서 다른 담당자에게 넘겨 줄 경우
→통화 중 상대방에게 양해를 구한 뒤 통화 종료 버튼을 짧게 누른 뒤 내선번호를 누른다. 다른 직원이 내선 전화를 받으면 어떤 용건인지 간략하게 얘기 한 뒤 수화기를 내려놓으면 자동적으로 전화가 넘겨진다.

5. 회사 전화를 내 핸드폰으로 받기

외근 나가 있는 상황에서 중요한 전화가 올 예정인 경우

→ 내 핸드폰으로 착신을 돌리기 위해서는 사무실 수화기를 들고 *(별표)를 누르고 88번을 누른다. 그리고 내 핸드폰 번호를 입력한다.

→ 착신을 풀기 위해서는 #(샵)을 누르고 88번을 누른 다음 *(별)을 누르면 된다.

※ 회사 전화를 내 핸드폰으로 받는 기능은 팀장급 이상의 자리에 있는 대표 전화기로만 가능하며, 그 이하의 직급 자리에 있는 일반 전화기로는 이 기능을 사용할 수 없다.

39 인사팀에 근무하고 있는 사원S는 신입사원들을 위해 전화기 사용 요령에 대해 교육을 진행하려고 한다. 다음 중 신입사원들에게 교육하지 않아도 되는 항목은?

① 일반 전화 걸기
② 전화 당겨 받기
③ 전화 넘겨 주기
④ 회사 전화를 내 핸드폰으로 받기

40 사원S는 전화 관련 정보들을 신입사원이 이해하기 쉽도록 표로 정리하였다. 정리한 내용으로 옳지 않은 내용이 포함된 항목은?

상황	항목	눌러야 하는 번호
회사 외부로 전화 걸 때	일반 전화 걸기	9+(지역번호)+(전화번호)
다른 직원에게 걸려온 전화를 내가 받아야 할 때	전화 당겨 받기	*(별표) 한번
회사 내 다른 직원과 전화 할 때	회사 내 직원과 전화하기	내선번호
내가 먼저 전화를 받은 경우 다른 직원에게 넘겨 줄 때	전화 넘겨주기	종료버튼(짧게)+내선번호

① 일반 전화 걸기
② 전화 당겨 받기
③ 전화 넘겨 주기
④ 회사 내 직원과 전화하기

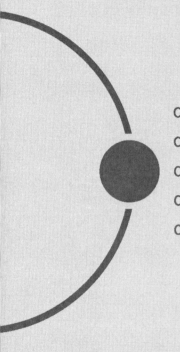

PART

02

정답 및 해설

1	③	2	④	3	④	4	①	5	③	6	①	7	②	8	③	9	④	10	④
11	④	12	③	13	①	14	①	15	④	16	④	17	①	18	③	19	②	20	①
21	①	22	③	23	③	24	④	25	③	26	②	27	③	28	④	29	②	30	④
31	④	32	②	33	①	34	①	35	③	36	④	37	②	38	②	39	③	40	③

1. ③

화자는 문두에서 한 번에 두 가지 이상의 일을 하는 것은 마음에게 흩어지라고 지시하는 것이라고 언급한다. 또한 글의 중후반부에서 당신이 하는 모든 일은 당신의 온전한 주의를 받을 가치가 있는 것이어야 한다고 강조한다. 따라서 이 글의 중심 내용은 ③이 적절하다.

2. ④

몇 개 국가의 남녀평등 문화와 근로정책에 대하여 간략하게 기술하고 있으며, 노르웨이와 일본의 경우에는 법률을 구체적으로 언급하고 있지 않다. 또한 단순한 근로정책 소개가 아닌, 남녀평등에 관한 내용을 일관되게 소개하고 있으므로 전체를 포함하는 논지는 '남녀평등과 그에 따른 근로정책'에 관한 것이라고 볼 수 있다.

3. ④

㈜ 자연 과학의 경험적 방법에는 세 가지 차원이 있다고 전제하고, ㈐ 가장 초보적인 차원(일상경험) → ㈎ 이보다 발달된 차원(관찰) → ㈏ 가장 발달된 차원(실험)으로 설명이 전개되고 있다.

4. ①

철도 차량 소재의 변천 과정을 설명하고 있는 글로서, 최초의 목재에서 안전을 위한 철제 재료가 사용되었음을 언급하는 ㈐ 단락이 가장 처음에 위치한다. 이러한 철제 재료가 부식 방지와 강도 보강을 목적으로 비금속 재료로 대체 사용되기도 하였으며, 이후 강도 보강에 이은 경량화를 목적으로 소재가 바뀌게 되었고, 다시 하이브리드형 소재의 출현으로 부위별 다양한 소재의 병용 사용을 통한 우수한 기계적 특성 구현이 가능하게 되었다. 따라서 이러한 소재의 변천 과정을 순서대로 나열한 ㈐ – ㈑ – ㈎ – ㈏가 가장 자연스러운 문맥의 흐름이다.

5. ③

주어진 문장의 '이들'은 ㈜ 앞에 언급된 과학자 갈릴레오와 케플러이고, ㈜ 뒤에서 주어진 문장에서 제시된 이들의 발견으로 인해 필요성이 대두된 수학 도구에 대한 내용이 이어지고 있다.

6. ①

슬로비치 모델은 언론의 보도가 확대 재생산되는 과정에 대한 이론이고, 빈칸 이후의 '이로 말미암은 부정적 영향…'을 볼 때, 빈칸에 들어갈 문장은 ①이 가장 적절하다.

7. ②

'그림 이론'에 대한 설명에서 언어가 세계와 대응한다는 내용에 이어지는 문장이므로 ②번이 적절하다.

8. ③

사조로서의 19세기 사실주의가 오래 존속되지 못한 이유에 대해서는 알 수 없고, 그 영향이 지속되었다는 사실만 4문단에서 알 수 있다.

9. ④

④ 돔호프는 그의 연구에서 5살 미만의 아이들에게는 꿈에 대한 보고가 드물고, 있다고 하더라도 아주 개략적인 특성만 나타난다고 주장하였다.

10. ④

필자는 주어진 글을 통해 복제나 다른 방법으로 신기술의 생명이 점점 짧아지고 있으며, 기업 간 기술 격차의 해소는 시간의 문제일 뿐 곧 평준화될 것이라는 점을 강조하며, 그러한 현상에 대한 대안적인 차별화 전략으로 인문학의 중요성을 이야기하고 있는 것이다.

11. ④

	시장매력도	정보화수준	접근가능성	합계
A	15	0	40	55
B	15	30	0	45
C	0	15	20	35
D	30	15	20	65

12. ③

주어진 조건을 정리해 보면 마지막 줄에는 봉선, 문성, 승일이가 앉게 되며 중간 줄에는 동현이와 승만이가 앉게 된다. 그러나 동현이가 승만이 바로 옆 자리이며, 또한 빈자리가 바로 옆이라고 했으므로 승만이는 빈자리 옆에 앉지 못한다. 첫 줄에는 강훈이와 연정이가 앉게 되고 빈자리가 하나 있다. 따라서 연정이는 빈 자리 옆에 배정받을 수 있다.

13. ①

미정이는 상훈보다 포인트가 높고, 지선이와 상훈이의 포인트는 같으므로 미정이는 지선이보다 포인트가 높다.

14. ①

㉠ 상상력이 풍부하지 않은 사람은 그림을 잘 그리는 사람이 아니다(첫 번째 전제의 대우).
㉡ 그림을 잘 그리는 사람이 아니면 노래를 잘하지 않는다(세 번째 전제의 대우).
㉢ 따라서 상상력이 풍부하지 않은 사람은 노래를 잘하지 않는다.

15. ④

만약 B가 범인이라면 A와 B의 진술이 참이어야 한다. 하지만 문제에서 한명의 진술만이 참이라고 했으므로 A, B는 거짓을 말하고 있고 C의 진술이 참이다. 따라서 범인은 D이다.

16. ④

문제에서 빨간색 택시에는 두 사람만이 탈 수 있다고 했고, 조건에서 진영이는 반드시 빨간색 택시를 타야 하며, 진숙이는 진영이와 같은 택시에 타야 한다고 했으므로 빨간색 택시에는 진영이와 진숙이가 타게 된다. 문제에서 민서가 노란색 택시를 타고 있고, 조건에서 영수는 민서와 같은 택시에 탈 수 없으므로 영수는 검은색 택시에 타야한다. 진현이가 탄 택시에는 민서 또는 진영이가 타고 있어야 하는데, 빨간 택시에는 탈 수 없으므로 민서가 타고 있는 노란색 택시에 타야 한다. 노란색 택시에 민서와 진현이가 타고 있으므로 은수와 홍희는 검은색 택시에 타야한다. 따라서 검은색 택시에는 영수, 은수, 홍희가 타게 된다.
빨간색 : 진영, 진숙
노란색 : 민서, 진현, 희연
검은색 : 영수, 은수, 홍희

17. ①

뱀은 단 사과만 좋아하므로 '작은 사과는 달지 않다'는 전제가 있어야 결론을 도출할 수 있다.

18. ③

제시된 조건을 만족시키는 것은 '양수×양수×양수×양수', '음수×음수×음수×음수', '양수×양수×음수×음수'인 경우이다. 각각의 정수 A, B, C, D 중 2개를 골라 곱하여 0보다 크다면 둘 다 양수 또는 둘 다 음수일 경우이므로 나머지 수는 양수×양수, 음수×음수가 되어 곱은 0보다 크게 된다. A, B, C, D 중 3개를 골라 더했을 때 0보다 작으면 나머지 1개는 0보다 작을 수 있지만 클 수도 있다.

19. ②

• 제외되는 4가지 조건(조건 2에 위배)
−모자 : 노란색, 목도리 : 노란색, 장갑 : 노란색
−모자 : 노란색, 목도리 : 빨간색, 장갑 : 노란색
−모자 : 빨간색, 목도리 : 노란색, 장갑 : 빨간색
−모자 : 빨간색, 목도리 : 빨간색, 장갑 : 빨간색

• 찾을 수 있는 4가지 조건
−모자 : 노란색, 목도리 : 노란색, 장갑 : 빨간색 ⋯ ①
−모자 : 빨간색, 목도리 : 노란색, 장갑 : 노란색 ⋯ ②
−모자 : 노란색, 목도리 : 빨간색, 장갑 : 빨간색 ⋯ ③
−모자 : 빨간색, 목도리 : 빨간색, 장갑 : 노란색 ⋯ ④
• 총인원은 14명이므로 ①+②+③+④ = 14명
• 조건1에 따라 ①+② = 9
• 조건3에 따라 ②+③ = 8
• 조건4에 따라 ②+④ = 7
∴ 장갑만 빨간 사람은 총 4명이 된다.

20. ①

신혜의 예측이 거짓이라면 태호의 예측도 거짓이 되므로 신혜와 태호의 예측은 참이고, 신혜의 예측이 틀렸다고 말한 수란의 예측만 거짓이 된다. 수란의 예측을 제외한 다른 사람들의 예측을 표로 나타내면 다음과 같다.

	기중	태호	신혜	수란	찬호
참/거짓	참	참	참	거짓	참
담임	X	2반	4반	1반	3반

21. ①

모든 사람이 한 국가 이상 출장을 가야 한다고 했으므로 김과장은 꼭 중국을 가야 하며, 장과장은 꼭 일본을 가야 한다. 또한 영국으로 4명이 출장을 가야 되고, 출장 가능 직원도 4명이므로 이과장, 신과장, 류과장, 임과장이 영국을 가야한다. 4국가 출장에 필요한 직원은 12명인데 김과장과 장과장이 1국가 밖에 못가므로 나머지 5명이 2국가를 출장간다는 것에 주의한다.

	출장가는 직원
미국(1명)	이과장
영국(4명)	류과장, 이과장, 신과장, 임과장
중국(3명)	김과장, 최과장, 류과장
일본(4명)	장과장, 최과장, 신과장, 임과장

22. ③

A의 생산개수를 x라 하면, B의 생산개수는 $50-x$가 된다.

두 제품을 만드는 데 필요한 연료: $2x+5(50-x) \leq 220$

두 제품을 만드는 데 필요한 전력: $45x+15(50-x) \leq 1,800$

두 방정식을 연립하면 $10 \leq x \leq 35$가 된다.

A제품은 개당 3만원의 이익이 남고, B제품은 개당 1만원의 이익이 남기 때문에 A제품을 최대한 많이 생산하는 것이 유리하다. 따라서 총이익은 $35 \times 3 + 15 \times 1 = 120$만원이 된다.

23. ③

시간관리의 유형

㉠ **시간 창조형**(24시간형 인간) : 긍정적이며 에너지가 넘치고 빈틈없는 시간계획을 통해 비전과 목표 및 행동을 실천하는 사람

㉡ **시간 절약형**(16시간형 인간) : 8시간 회사 업무 이외에도 8시간을 효율적으로 활용하고 8시간을 자는 사람. 정신없이 바쁘게 살아가는 사람

㉢ **시간 소비형**(8시간형 인간) : 8시간 일하고 16시간을 제대로 활용하지 못하며 빈둥대면서 살아가는 사람. 시간은 많은데도 불구하고 마음은 쫓겨 항상 바쁜 척하고 허둥대는 사람

㉣ **시간 파괴형**(0시간형 인간) : 주어진 시간을 제대로 활용하기는커녕 시간관념이 없이 자신의 시간은 물론 남의 시간마저 죽이는 사람

24. ④

정해진 기한 내에 인적, 물적, 금전적 자원 한도 내에서 작업이 완료되는 경우 과제 수행 결과에 대한 평가가 좋게 이루어진다. 따라서 정은, 석준, 환욱은 좋은 평가를 받게 되고 영재는 예상보다 많은 양의 물적 자원을 사용하였으므로 가장 나쁜 평가를 받게 된다.

25. ③

③ 시간은 시절에 따라 밀도와 가치가 다르다. 인생의 황금기, 황금시간대 등은 시간자원의 이러한 성격을 반영하는 말이다.

26. ②

합리적인 인사관리의 원칙

㉠ 적재적소 배치의 원리 : 해당 직무 수행에 가장 적합한 인재를 배치

㉡ 공정 보상의 원칙 : 근로자의 인권을 존중하고 공헌도에 따라 노동의 대가를 공정하게 지급

㉢ 공정 인사의 원칙 : 직무 배당, 승진, 상벌, 근무 성적의 평가, 임금 등을 공정하게 처리

㉣ 종업원 안정의 원칙 : 직장에서의 신분 보장, 계속해서 근무할 수 있다는 믿음으로 근로자의 안정된 회사 생활 보장

㉤ 창의력 계발의 원칙 : 근로자가 창의력을 발휘할 수 있도록 새로운 제안·전의 등의 기회를 마련하고 적절한 보상을 지급

㉥ 단결의 원칙 : 직장 내에서 구성원들이 소외감을 갖지 않도록 배려하고, 서로 협동·단결할 수 있도록 유지

27. ③

회계적 이익률은 $\dfrac{\text{연평균 순이익}}{\text{초기투자액}}$ 이므로 연평균 순이익 $= \dfrac{200,000+300,000+400,000}{3} = 300,000$

이익률 $= \dfrac{300,000}{2,240,000} \times 100 = 13.392\cdots \%$

28. ④

일반적 질병으로 60일 병가를 모두 사용하였고, 부상으로 인한 지각·조퇴·외출 누계 허용 시간인 8시간을 1시간 넘겼으므로 규정 내의 병가 사용이라고 볼 수 없다.

① 공무상 질병으로 인한 병가는 180일 이내이며, 조퇴 누계 시간이 8시간 미만이므로 규정 내에서 사용하였다.

② 일반적 질병으로 60일 범위 내에서 사용한 병가이므로 규정 내에서 사용하였다.

③ 정직일수는 병가일수에서 공제하여야 하므로 60일(정직 30일+공무상 병가 30일)의 공무상 병가이며, 지각 누계 시간이 8시간 미만이므로 규정 내에서 사용하였다.

29. ②

② △△그룹에서 자판기의 최적 설치량은 5개이며 이때 전 직원이 누리는 총 만족감은 330만 원이다.

30. ④

상품별 은행에 내야 하는 총금액은 다음과 같다.

- A상품 : (1,000만 원 × 1% × 12개월) + 1,000만 원 = 1,120만 원
- B상품 : 1,200만 원
- C상품 : 90만 원 × 12개월 = 1,080만 원

㉠ A상품의 경우 자동차를 구입하여 소유권을 취득할 때, 은행이 자동차 판매자에게 즉시 구입금액을 지불하는 상품으로 자동차 소유권을 얻기까지 은행에 내야 하는 금액은 0원이다. → 옳음

㉡ 1년 내에 사고가 발생해 50만 원의 수리비가 소요된다면 각 상품별 총비용은 A상품 1,170만 원, B상품 1,200만 원, C상품 1,080만 원이다. 따라서 A상품보다 C상품을 선택하는 것은 유리하지만, B상품은 유리하지 않다. → 틀림

㉢ 자동차 소유권을 얻는 데 걸리는 시간은 A상품 구입 즉시, B상품 1년, C상품 1년이다. → 옳음

㉣ B상품과 C상품 모두 자동차 소유권을 얻기 전인 1년까지는 발생하는 모든 수리비를 부담해 준다. 따라서 사고 여부와 관계없이 총비용이 작은 C상품을 선택하는 것이 유리하다. → 옳음

31. ④

국내 출장비 50만 원 이하인 경우 출장계획서는 팀장 전결, 출장비신청서는 부장 전결이므로 사원 甲씨가 작성해야 하는 결재 양식은 다음과 같다.

출장계획서				
결재	담당	팀장	부장	최종결재
	甲	전결	/	팀장

출장비신청서				
결재	담당	팀장	부장	최종결재
	甲		전결	부장

32. ②

부의금은 접대비에 해당하는 경조사비이다. 30만 원이 초과되는 접대비는 접대비지출품의서, 지출결의서 모두 대표이사 결재사항이다. 따라서 사원 乙씨가 작성해야 하는 결재 양식은 다음과 같다.

접대비지출품의서				
결재	담당	팀장	부장	최종결재
	乙			대표이사

지출결의서				
결재	담당	팀장	부장	최종결재
	乙			대표이사

33. ①

교육비의 결재서류는 금액에 상관없이 기안서는 팀장 전결, 지출결의서는 대표이사 결재사항이므로 丁씨가 작성해야 하는 결재 양식은 다음과 같다.

기안서	담당	팀장	부장	최종결재
결재	丁	전결		팀장

지출결의서	담당	팀장	부장	최종결재
결재	丁			대표이사

34. ①

집단의사결정의 특징

- 지식과 정보가 더 많아 효과적인 결정을 할 수 있다.
- 다양한 견해를 가지고 접근할 수 있다.
- 결정된 사항에 대하여 의사결정에 참여한 사람들이 해결책을 수월하게 수용하고, 의사소통의 기회도 향상된다.
- 의견이 불일치하는 경우 의사결정을 내리는데 시간이 많이 소요된다.
- 특정 구성원에 의해 의사결정이 독점될 가능성이 있다.

35. ③

① 관계지향적인 문화이며, 조직구성원 간 인간애 또는 인간미를 중시하는 문화로서 조직내부의 통합과 유연한 인간관계를 강조한다. 따라서 조직구성원 간 인화단결, 협동, 팀워크, 공유가치, 사기, 의사결정과정에 참여 등을 중요시하며, 개인의 능력개발에 대한 관심이 높고 조직구성원에 대한 인간적 배려와 가족적인 분위기를 만들어내는 특징을 가진다.

② 높은 유연성과 개성을 강조하며 외부환경에 대한 변화지향성과 신축적 대응성을 기반으로 조직구성원의 도전의식, 모험성, 창의성, 혁신성, 자원획득 등을 중시하며 조직의 성장과 발전에 관심이 높은 조직문화를 의미한다. 따라서 조직구성원의 업무수행에 대한 자율성과 자유재량권 부여 여부가 핵심요인이다.

④ 조직내부의 통합과 안정성을 확보하고 현상유지차원에서 계층화되고 서열화된 조직구조를 중요시하는 조직문화이다. 즉, 위계질서에 의한 명령과 통제, 업무처리 시 규칙과 법을 준수하고, 관행과 안정, 문서와 형식, 보고와 정보관리, 명확한 책임소재 등을 강조하는 관리적 문화의 특징을 나타내고 있다.

36. ④

차별화 전략은 조직이 생산품이나 서비스를 차별화하여 고객에게 가치가 있고 독특하게 인식되도록 하는 전략이다. 차별화 전략을 활용하기 위해서는 연구개발이나 광고를 통하여 기술, 품질, 서비스, 브랜드 이미지를 개선할 필요가 있다. 직원들의 복지를 위해 휴게 시설을 확충하는 것은 넓은 의미에서 고객에 대한 서비스 질의 향상을 도모하는 방안일 수 있으나 차별화된 가치를 서비스하는 일과 직접적인 연관이 있다고 볼 수는 없다.

37. ②

제시된 내용은 조직목표에 해당한다.
※ **조직목표의 특징**
- 공식적 목표와 실제적 목표가 다를 수 있다.
- 다수의 조직목표 추구가 가능하다.
- 조직목표 간 위계적 상호관계가 있다.
- 가변적 속성을 가진다.
- 조직의 구성요소와 상호관계를 가진다.

38. ②

㉠ 사장직속으로는 3개 본부, 12개 처, 3개 실로 구성되어 있다.
㉡ 해외부사장은 2개의 본부를 이끌고 있다.
㉣ 노무처는 관리본부에, 재무처는 기획본부에 소속되어 있다.

39. ③

지원 구분에 따르면 모친상과 같은 경조사는 경조사 지원에 포함되어야 한다. 따라서 F의 구분이 잘못되었다.

40. ③

③ 2021년 변경된 사내 복지 제도에 따르면 1인 가구 사원에게는 가~사 총 7동 중 가~다동이 지원된다.

1	③	2	②	3	③	4	②	5	②	6	④	7	②	8	③	9	④	10	③
11	②	12	②	13	②	14	③	15	④	16	②	17	①	18	④	19	④	20	④
21	②	22	②	23	④	24	③	25	②	26	④	27	③	28	④	29	④	30	④
31	②	32	③	33	②	34	④	35	③	36	①	37	①	38	②	39	④	40	③

1. ③

첫 번째 문단에서 문제를 알면서도 고치지 않았던 두 칸을 수리하는 데 수리비가 많이 들었고, 비가 새는 것을 알자마자 수리한 한 칸은 비용이 많이 들지 않았다고 하였다. 또한 두 번째 문단에서 잘못을 알면서도 바로 고치지 않으면 자신이 나쁘게 되며, 잘못을 알자마자 고치기를 꺼리지 않으면 다시 착한 사람이 될 수 있다하며 이를 정치에 비유해 백성을 좀먹는 무리들을 내버려 두어서는 안 된다고 서술하였다. 따라서 글의 중심내용으로는 잘못을 알게 되면 바로 고쳐 나가는 것이 중요하다가 적합하다.

2. ②

단순히 하천수 사용료의 문제점을 제시한 것이 아니라, 그에 대한 구체적인 대안과 사용료 부과 및 징수를 위한 실효성을 확보해야 한다는 의견이 제시되어 있으므로 문제점 지적을 넘어 전향적인 의미를 지닌 제목이 가장 적절할 것이다.
또한, 제시글은 하천의 관리를 언급하는 것이 아닌, 하천수 사용료에 대한 개선방안을 다루고 있으며, 하천수 사용료의 현실화율이나 지역 간 불균형 등의 요금체계 자체에 대한 내용을 소개하고 있지는 않다.

3. ③

가장 먼저 (다)에서 우리나라의 교육 현실이 전제되고, (나)에서 시대의 변화에 따른 평생 교육의 필요성이 제기되었다. (라)에서는 평생교육 중에서도 재취업 훈련의 필요성을 강조하였고, (가)에서 평생 교육을 통해 국가경쟁력을 확보할 수 있다는 말로 평생 교육의 중요성이라는 주제를 드러내고 있다.

4. ②

㈐는 '그것은'으로 시작하는데 '그것'이 무엇인지에 대한 설명이 필요하기 때문에 ㈐는 첫 번째 문장으로 올 수 없다. 따라서 첫 번째 문장은 ㈎가 된다. '겉모습'을 인물 그려내기라고 인식하기 쉽다는 일반적인 통념을 언급하는 ㈎의 다음 문장으로, '하지만'으로 연결하며 '내면'에 대해 말하는 ㈐가 적절하다. 또 ㈐ 후반부의 '눈에 보이는 것 거의 모두'를 ㈏에서 이어 받고 있으며, ㈏의 '공간'에 대한 개념을 ㈐에서 보충 설명하고 있다.

5. ②

주어진 지문은 유명인의 중복 출연으로 모델과 상품을 연결시켜 기억하기 어려워지기 때문에 광고 효과가 온전하지 못하다는 것을 부연설명 하고 있으므로 ㈏의 위치에 들어가는 것이 적절하다.

6. ④

뒤에 이어지는 문장에서 빈칸에 들어갈 문장을 부연설명하고 있다. 뒤에 이어지는 문장에서 '정확성은 마땅히 해야 하는 것이며, 칭찬할 것은 아니다.'라는 내용을 이야기 하고 있으므로, 이와 일치하는 내용은 ④번이다.

7. ②

② 전반적인 내용으로 볼 때, 문화재 복원에 대한 내용이 나오는 것이 가장 적절하다.

8. ③

실재론은 '세계는 존재한다'는 근본적 신념에 덧붙여 세계가 '우리 정신과 독립적으로' 존재한다고 주장하였다. 반실재론자인 버클리는 세계의 독립적 존재를 부정하였는데, 이는 세계가 '우리 정신과 독립적으로' 존재한다고 한 주장에 대한 반박일 뿐이다. 버클리가 '세계는 존재한다'는 근본적인 신념 자체를 부정한 것은 아니다.

9. ④

정치가 법의 규율을 받는 측면이 강조되면 정치의 역동성이 사라지게 된다고 글쓴이는 주장하고 있다. 하지만, 이를 정치의 역동성이 전제가 되어야 법의 실효성이 확보된다는 논리로 볼 수는 없다.

10. ③

③ 경찰관이 위험에 노출되는 상황이 증가했다는 내용은 글에서 찾을 수 없다.

11. ②

영희와 민수 모두 200kWh를 초과하였으므로 필수사용량 보장공제 해당은 없다.
영희의 기본요금 : 1,200원
전력량 요금 : $70 \times 200 + 150 \times 150 = 36,500$원
민수의 기본요금 : 1,800원
전력량 요금 : $90 \times 200 + 50 \times 180 = 27,000$원
영희와 민수의 전기요금 합 : $1,200 + 36,500 + 1,800 + 27,000 = 66,500$원

12. ②

먼저, 회사에 가장 일찍 출근하는 사람은 부지런한 사람이고 부지런한 사람은 특별 보너스를 받을 것이다.
그리고 여행을 갈 수 있는 사람은 특별 보너스를 받은 사람이다.
그런데 여행을 갈 수 있는 사람이 명진이와 소희 두 명이므로, 회사에 가장 일찍 출근하는 것 말고 특별 보너스를 받을 수 있는 방법이 또 있다는 것을 알 수 있다.

13. ②

영수와 철수는 둘 사이만 비교가 가능하며, 다른 이들과 비교할 수 없다. 간략하게 나타내면 다음과 같다.
첫 번째 조건에 의해: 영수>철수
나머지 조건에 의해: 준수>준희=수현>지현

14. ③

① 13일(월) 오후 1시에 중국에 도착했지만 14일(화) 풍속이 30knot가 넘기 때문에 비행운항을 하지 않는다. 따라서 16일(목)에 일본을 돌아가야 하는데 이 날을 복귀 날이므로 출장시기가 될 수 없다.

② 16일(목) 오후 1시 중국 도착, 일본은 화요일과 목요일만 출발하므로 출장시기로 불가능하다.

④ 21일(화) 오후 1시 중국 도착, 23일(목) 일본 방문, 24일(금) 전통 무술 체험은 오후 6시인데, 복귀 선박은 오후 3시에 출발이므로 출장시기가 될 수 없다.

15. ④

⑴ A가 진실을 말할 때 : B의 말 또한 참이 되므로 A는 진실을 말한 것이 아니다.

⑵ B가 진실을 말할 때 : 아무도 파란색 구슬을 가진 사람이 없기 때문에 모순이다.

⑶ C가 진실을 말할 때 : A-노란색, B-파란색, C-빨간색을 갖게 된다.

16. ②

창의적인 사고는 사회나 개인에게 새로운 가치를 창출할 수 있는 유용한 아이디어를 생산해 내는 정신적인 과정이다.

17. ①

'모든 사원은 사전교육을 받는다.'라는 전제가 있어야 결론이 참이 된다.

18. ④

장승이 처음 질문에 "그렇다."라고 대답하면 그 대답은 진실이므로 다음 질문에 대한 대답은 반드시 거짓이 되고, "아니다."라고 대답하면 그 대답은 거짓이므로 다음 질문에 대한 대답은 반드시 진실이 된다. 장승이 처음 질문에 무엇이라 대답하든 나그네는 다음 질문의 대답이 진실인지 거짓인지 알 수 있으므로 마을로 가는 길이 어느 쪽 길인지 알 수 있게 된다.

19. ④

• 주어진 조건을 도식화 하면 다음과 같다.

	엘사	안나	올라프	스벤
모자				빨×
옷	빨	노×	검×(노∨파)	빨×(파∨노∨검)
신발	파×	검		빨×

- 이때 안나의 옷 색깔은 엘사가 빨간색을 하고 있기 때문에 제외하고, 신발이 검은색이기 때문에 검은색도 안 된다. 따라서 안나의 옷은 파란색이 된다. 안나가 파란색 옷이므로 올라프는 노란색이, 스벤은 검은색이 된다. 이를 적용하면 다음과 같다.

	엘사	안나	올라프	스벤
모자				빨×
옷	빨	파	노	검
신발	파×	검		빨×

- 엘사의 신발은 안나가 검은색이기 때문에 노란색이 된다. 이 경우 스벤은 파란색이 된다. 따라서 남은 올라프의 신발은 빨간색이 된다. 그리고 스벤의 모자는 옷과 신발, 빨간색을 싫어하는 조건을 고려하여 노란색임을 찾을 수 있다. 이를 적용하면 다음과 같다.

	엘사	안나	올라프	스벤
모자				노
옷	빨	파	노	검
신발	노	검	빨	파

- 안나는 옷과 신발, 스벤의 모자가 노란색인 조건을 고려하여 모자가 빨간색임을 알 수 있고, 엘사와 올라프는 두 가지의 경우가 발생함을 알 수 있다. 이를 토대로 도식화된 표를 완성하면 다음과 같다.

	엘사	안나	올라프	스벤
모자	파∨검	빨	검∨파	노
옷	빨	파	노	검
신발	노	검	빨	파

20. ④

주어진 정보를 통해 진급시험에서 떨어진 사람은 A, B, E, G이고, C와 D 중 1명이 진급했지만 누가 진급했는지는 알 수 없으며, 진급이 확실한 사람은 F이다.

21. ②

	A	B	C	D
외국어 성적	25	25	40	
근무 경력	20	20	14	근무경력 5년 미만으로 자격 박탈
포상	10	20	0	
근무 성적	9	10	9	
계	64	75	63	

22. ②

① A : 450점
② B : 500점
③ C : 370점
④ D : 400점

23. ④

④ 영화 관람을 위해 지불한 5,000원은 회수할 수 없는 매몰비용이다.

※ 매몰비용과 한계비용
   ㉠ 매몰비용 : 이미 매몰되어 다시 되돌릴 수 없는 비용으로 의사결정을 하고 실행한 후에 발생하는 비용 중 회수할 수 없는 비용을 말한다.
   ㉡ 한계비용 : 생산물 한 단위를 추가로 생산할 때 필요한 총 비용의 증가분을 말한다.

24. ③

③ 두바이에서 출발하여 서울에 도착하는 날짜는 2월 25일이 될 것이다.

25. ②

② 자원의 적절한 관리가 필요한 이유는 자원의 유한성 때문이다.

26. ④

광산물의 경우 총 교역액에서 수출액이 차지하는 비중은 $39,456 \div 39,975 \times 100 =$ 약 98.7%이나, 잡제품의 경우 $187,132 \div 188,254 \times 100 =$ 약 99.4%의 비중을 보이고 있으므로 총 교역액에서 수출액이 차지하는 비중이 가장 큰 품목은 잡제품이다.

27. ③

무역수지가 가장 큰 품목은 잡제품으로 무역수지 금액은 $187,132 - 1,122 = 186,010$천 달러에 달하고 있다.

28. ④

예산집행실적은 예산계획에 차질이 없도록 집행하기 위해서 작성하는 것으로 예산항목의 지출이 초과되어 곤란함을 겪게 되는 것을 방지할 수 있다.

29. ④

1시간 더 일할 때, 추가되는 편익은 5,000원으로 일정하고, 추가되는 비용은 점차 증가한다. 순편익은 2시간 일할 때 최대(5,000원)가 되므로 갑은 2시간만 일하는 것이 합리적이다.

30. ④

D가 말하고 있는 것은 능력주의에 해당한다. 인력배치의 원칙으로는 적재적소주의, 능력주의, 균형주의가 있다.

31. ②

② 팀제는 경영환경에 유연하게 대처하여 기업의 경쟁력을 제고할 수 있다.

32. ③

인력수급계획 및 관리, 교육체계 수립 및 관리는 인사부에서 담당하는 업무의 일부이다.

33. ②

제시된 글은 비공식 집단에 대한 설명이다.
②는 공식적 집단에 관한 설명이다.

34. ④

① 조직의 사명은 조직의 비전, 가치와 신념, 조직의 존재이유 등을 공식적인 목표로 표현한 것이다. 반면에, 세부목표 혹은 운영목표는 조직이 실제적인 활동을 통해 달성하고자 하는 것으로 사명에 비해 측정 가능한 형태로 기술되는 단기적인 목표이다.
② 조직목표는 한번 수립되면 달성될 때까지 지속되는 것이 아니라 환경이나 조직 내의 다양한 원인들에 의해 변동되거나 없어지고 새로운 목표로 대치되기도 한다.
③ 조직구성원들은 자신의 업무를 성실하게 수행한다고 하더라도 전체 조직목표에 부합되지 않으면 조직목표가 달성될 수 없으므로 조직목표를 이해하고 있어야 한다.
④ 조직은 다수의 조직목표를 추구할 수 있다. 이러한 조직목표들은 위계적 상호관계가 있어서 서로 상하관계에 있으면서 영향을 주고받는다.

35. ③

① SO전략 : 외국 기업에 입사
② WO전략 : 비명문대 출신도 능력만 있으면 대우해주는 대기업에 입사
③ ST전략 : 대기업 포기, 영어와 인터넷 실력 원하는 중소기업 입사, 진학하여 MBA 획득
④ WT전략 : 선배가 경영주인 기업 또는 선배가 많은 기업에 입사, 대학원은 명문대에 장학생으로 진학 후 2년 후 국내경기가 활성화되면 취업

36. ①

① SO전략 : 지도 교수의 지도로 최신 이론을 통해 수준 높은 퀄리티로 공모전에 참여한다.
② WO전략 : 공모전을 위한 커리큘럼을 구성하고 실천한다.
③ ST전략 : 지도교수 체제 하에 전문성을 특화로 타 동아리와 차별성을 갖는다.
④ WT전략 : 차별화된 커리큘럼이나 프로세스를 구성하여 차별성을 갖는다.

37. ①

① SO전략 : 기초화장품 기술력을 통한 경쟁적 남성 기초화장품 개발
② WO전략 : 가격을 낮추어 기타 업체들과 경쟁
③ ST전략 : 정부의 지원을 통한 제품의 가격 조정
④ WT전략 : 남성화장품 이외의 라인에 주력하여 경쟁력 강화

38. ②

조직문화는 조직의 방향을 결정하고 존속하게 하는데 중요한 요인이지만, 개성 있고 강한 조직 문화는 다양한 조직구성원들의 의견을 받아들일 수 없거나, 조직이 변화해야 할 시기에 장애요인으로 작용하기도 한다.

39. ④

홍보부의 이○○ 사원은 생일을 맞이한 것이므로 경조사에 포함되어야 한다.

40. ③

① 복지 제도 변경 전 상품권, 변경 후 기프트카드이므로 현금은 지급되지 않는다.
② 복지 제도 변경 전에는 지원 불가였던 자녀 대학 학자금 지원이 신설되었다.
③ 복지 제도 변경 전 생일에 상품권을 지급하였다. 변경 후에는 기프트카드를 지급한다.
④ 복지 제도 변경 전후 경조사 지원금은 모두 10만 원이며 직위에 관계없이 동일하다.

1	②	2	②	3	④	4	①	5	③	6	②	7	②	8	④	9	④	10	③
11	②	12	③	13	②	14	③	15	④	16	①	17	③	18	③	19	④	20	④
21	③	22	③	23	①	24	②	25	③	26	②	27	②	28	③	29	③	30	①
31	④	32	②	33	②	34	③	35	①	36	③	37	①	38	②	39	③	40	②

1. ②

첫째 문단에서는 공유된 이익이 확장되면 적국과 협력국의 구별이 어려워진다는 과제를 제시하였고, 마지막 문장에서 이러한 이익 갈등은 계속 존재하게 될 것이라고 하였다.

2. ②

본문의 전체적인 내용은 '생물 종의 감소는 인류의 생존 문제와 직결된다.'는 내용이다. 이 내용을 포괄할 수 있는 제목은 ②가 적절하다.

3. ④

제시된 글은 '청소년들 사이에 문화사대주의 현상'에 대한 문제점을 밝히는 글이다. (나) 청소년들 사이의 문화사대주의 문제(문제제기) → (가) 대중 매체의 편향된 외래문화 수용(원인) → (라) 청소년의 대중문화 수용태도(근거) → (다) 대중 매체의 책임의식 요구(주장)의 구성이다.

4. ①

보기를 보면 (나), (마) 중 하나가 서두에 오는데, 더 포괄적인 내용을 담고 있는 (마)가 제일 먼저 오는 것이 적절하다. (마)에서 절도가 용인되면 사회가 붕괴된다고 했고, 그러기에 절도가 사회적 금기라고 설명하는 (가)가 그 다음 내용으로 알맞다. (가) 후반부에서 절도의 이유로 '생존욕구'를 언급하고 있으므로 관련 사건을 보여주는 (다)가 이어지는 것이 어울린다. 또, 범죄를 합리화하고 찬미하게 되는 과정을 (나) - (바) - (라)의 순서로 보여주고 있다.

5. ③

㈐의 앞 문장에서 '잠을 잘 때 우리는 삶을 처음 시작할 때와 아주 비슷한 상황'으로 돌아간다고 제시되어 있고, 뒤의 문장에서는 그에 대한 근거 '많은 사람들이 잠을 잘 때 태아와 같은 자세를 취하는 것'에 대해 제시되어 있으므로 주어진 문장이 들어가기에 가장 적절한 곳은 ㈐이다.

6. ②

'그러나'라는 접속어를 통해 앞의 내용과 상반되는 내용이 나와야 함을 알 수 있다. 빈칸의 앞에는 갖가지 힐링 상품에 대해 이야기하고 있고, 뒤에는 명상이나 기도 등 많은 돈을 들이지 않고서도 쉽게 할 수 있는 일에 대해 이야기하고 있으므로 빈칸에는 ②가 들어가는 것이 가장 적절하다.

7. ②

추운 지방에 사는 동물들이 몸집이 큰 이유에 대해서 설명하고 있는 글이다.

8. ④

영화적 재현과 만화적 재현의 차이점을 움직임의 유무, 이미지의 성격 등 여러 부분에서 비교하여 설명하고 있다.

9. ④

㈏ 냉전의 기원에 대한 논의 – ㈎ 소련에 책임이 있다고 보는 전통주의 입장 – ㈑ 미국에 책임이 있다고 보는 수정주의 입장 – ㈒ 전통주의와 수정주의의 절충적 연구 – ㈐ 절충적 연구의 잠정적인 경향

10. ③

③ 절충적 시각의 연구는 복합적인 요인들의 상호작용에 의해 냉전이 발생했다고 보는 관점으로, 역사의 중심적인 경향성을 설명하지 못하는 잠정적인 성격을 지닌다.

11. ②

신용카드 및 체크카드를 분실한 경우 카드회사 고객센터에 분실신고를 하여야 한다.

12. ③

대출사기를 당했거나 대출수수료를 요구할 땐 경찰서, 금융감독원에 전화로 신고를 하여야 한다.

13. ②

결과의 일부를 표로 나타내면 다음과 같다.

	언어	수리	외국	과학
A	1	1		
B		1	1	
C		1		1
D		1	1	
합	3	4	3	2

A가 외국어 영역을 풀었다면 B또는 D는 과학탐구 문제를 풀었으므로 C는 반드시 언어역역 문항을 풀어야 한다.

14. ③

주어진 관계를 C를 중심으로 정리하면, A는 엄마, D는 아빠, E는 친할머니, G는 친할아버지, B는 외조부모이지만 성별을 알 수 없다. 또한 F가 G의 친손녀라는 전제만으로는 F와 C가 남매인지 사촌지간인지 알 수 없다.

15. ④

1학년 5반의 어떤 학생은 책 읽는 것을 좋아하고, 책 읽는 것을 좋아하는 사람은 집중력이 높으므로 1학년 5반의 어떤 학생은 집중력이 높다는 결론은 반드시 참이 된다.

16. ①

자유연상법 … 어떤 생각에서 다른 생각을 계속해서 떠올리는 작업을 통해 어떤 주제에서 생각나는 것을 계속해서 열거해 나가는 방법으로 구체적 기법에는 브레인스토밍이 있다.

17. ③

전제 1 : p → q

전제 2 : ~r → p

결론 : s → r (대우 : ~r → ~s)

p → ~s 또는 q → ~s가 보충되어야 한다.

그러므로 '기린을 좋아하는 사람은 코끼리를 좋아하지 않는다.' 또는 '얼룩말을 좋아하는 사람은 코끼리를 좋아하지 않는다.'와 이 둘의 대우가 빈칸에 들어갈 수 있다.

18. ③

③ 'Q는 P에 비해 본체 사이즈가 크지만 여러 종류의 렌즈를 바꿔 끼울 수 있고,···'를 통해 알 수 있다.

① P와 Q는 시중의 모든 카메라보다 높은 화소를 가졌다고 하였으므로 두 카메라의 화소는 같다.

② A사에서 나오는 다른 카메라들 중 터치조작이 가능한 카메라가 있을 수 있다.

④ 모든 카메라보다 가볍지는 않다고 하였으므로 옳지 않다.

⑤ 'Q와 달리 P는 셀프카메라가 용이한 틸트형 LCD를 탑재하였으며···'를 통해 셀프카메라를 많이 찍는 사람의 경우 Q보다는 P를 선호할 것을 유추할 수 있다.

19. ④

㉠에 따라 갑수가 위원이 된다면, 을숙이도 위원이 되어야 하는데 을숙이는 위원이 아니므로 갑수는 위원이 될 수 없다.

㉡의 전제에 따라 정연이는 환경미화위원이 된다.

㉢에 따라 병식이나 무남이 둘 중 한명은 반드시 위원이 된다.

㉣에 따르면 병식이와 무남이가 함께 위원이 되면 정연이는 위원이 되어서는 안 되는데, ㉡에서 이미 정연이는 위원이 되었으므로 병식이와 무남이가 둘이 함께 위원이 될 수 없다.

㉤에 따라 정연이가 위원이므로 무남이가 위원이든 아니든 기은이는 위원이 된다.

∴ 반드시 위원이 되는 학생은 정연이와 기은이며, 병식이와 무남이 둘 중 한명은 위원이고 한명은 위원이 아니지만 누구인지 알 수 없다.

20. ④

A를 기준으로 위, 아래, 양 옆을 채워가면서 조건을 확인하면 다음과 같은 결과를 얻을 수 있다.

	301 G	302 빈 방	303 E	304 F	
좌	201 빈 방	202 C	203 D	204 I	우
	101 B	102 A	103 빈 방	104 H	

21. ③

최대 수익을 올리는 있는 진행공정은 다음과 같다.

F(20일, 70명)			C(10일, 50명)
B(10일, 30명)	A(5일, 20명)		

F(85억)＋B(20억)＋A(15억)＋C(40억)＝160억

22. ③

사원별로 성과상여금을 계산해보면 다음과 같다.

사원	평점 합	순위	산정금액
수현	20	5	200만원×100%＝200만원
이현	25	3	200만원×130%＝260만원
서현	22	4	500만원×80%＝400만원
진현	18	6	500만원×80%＝400만원
준현	28	1	400만원×150%＝600만원
지현	27	2	400만원×150%＝600만원

가장 많이 받은 금액은 600만원이고 가장 적게 받은 금액은 200만원이므로 이 둘의 차는 400만원이다.

23. ①

판매비와 일반관리비에는 광고선전비, 직원들의 급여, 통신비, 접대비, 조세공과금이 모두 포함되기 때문에 총 합계 금액은

320,000＋3,600,000＋280,000＋1,100,000＋300,000＝5,600,000(원)이다.

24. ②

금년 말에 A가 10억 원의 수익을 내고, 내년 말에 A보다 B가 11억 원의 수익을 낸다. 두 투자 계획이 수익성 측면에서 차이가 없기 위해 금년 말의 10억 원과 내년 말의 11억 원이 동일한 가치를 가져야하므로 이자율은 10%가 되어야한다.

25. ③

싱가포르의 경우 수에즈 운하를 경유하는 것이 가장 짧은 거리이며, 다음으로 파나마 운하, 희망봉의 순임을 알 수 있다.

26. ②

비용
㉠ **직접비용** : 재료비, 원료와 장비, 시설비, 여행(출장) 및 잡비, 인건비 등
㉡ **간접비용** : 보험료, 건물관리비, 광고비, 통신비, 사무비품비, 각종 공과금 등

27. ②

물적 자원 활용 방해요인으로는 보관 장소를 파악하지 못하는 경우, 물품이 훼손된 경우, 물품을 분실한 경우로 나눌 수 있다. 위 설명은 훼손 및 파손된 경우에 대한 설명이다.

28. ③

J씨와 K씨가 각각 직장을 그만두고 A 식당을 인수하는 것이 J씨에게는 합리적인 선택이, K씨에게는 비합리적 선택이 되기 위해서는 은행 예금의 연간 이자율이 10 %보다 높고, 15 %보다는 낮아야 한다.

29. ③

다음 달의 첫째 날이 금요일이므로 아래와 같은 달력을 그려 볼 수 있다.

3박4일 일정이므로 평일에 복귀해야 하며 주말이 모두 포함되는 일정을 피하기 위해서는 출발일이 일, 월, 화요일이어야 한다. 또한 팀장 보고를 위해서는 금요일에 복귀하게 되는 화요일 출발 일정도 불가능하다. 따라서 일요일과 월요일에만 출발이 가능하다. 그런데 27일과 13일이 출장 일정에 포함될 수 없으므로 10, 11, 24, 25일은 제외된다. 따라서 3, 4, 17, 18일에 출발하는 4가지 일정이 가능하다.

일	월	화	수	목	금	토
					1	2
3	4	5	6	7	8	9
10	11	12	13	14	15	16
17	18	19	20	21	22	23
24	25	26	27	28	29	30

30. ①

② 1시간 더 일할 때마다 추가로 발생하는 비용은 일정하지 않다.
③ 로봇으로 대체함으로써 하루에 최대로 얻을 수 있는 순편익은 21,000원이다.
④ 1시간 더 작업할 때마다 추가로 발생하는 편익은 6,000원으로 항상 일정하다.

31. ④

경영은 조직의 목적을 달성하기 위한 전략, 관리 운영활동이다. 즉, 경영의 대상인 조직과 조직의 목적, 경영의 내용인 전략, 관리, 운영으로 이루어진다. 과거에는 경영을 단순 관리라고 생각하였다. 관리는 투입되는 지원을 최소화하거나 주어진 자원을 이용하여 추구하는 목표를 최대한 달성하기 위한 활동이다.

32. ②

유기적 조직 … 의사결정권한이 조직의 하부구성원들에게 많이 위임되어 있으며 업무 또한 고정되지 않고 공유 가능한 조직이다. 유기적 조직에서는 비공식적인 상호의사소통이 원활히 이루어지며, 규제나 통제의 정도가 낮아 변화에 따라 쉽게 변할 수 있는 특징을 가진다.

33. ②

② 부사장은 5개의 본부와 1개의 실, 1개의 단을 이끌고 있다.

34. ③

③ 15일 미만의 경력은 산입되지 않으므로 14일을 제외한 4년만이 경력평정에 들어간다. 따라서 기본경력 3년, 초과경력 1년으로 경력평정을 계산하면 $0.5 \times 36 + 0.4 \times 12 = 22.8$점이 된다.

① 과장 직급으로 3년간 근무한 것에 정부 포상을 계산하면 $0.5 \times 36 + 3 = 21$점

② 주임 직급 시 있었던 정직기간과 포상 내역은 모두 대리 직급의 경력평정에 포함되지 않으므로 대리 2년의 근무만 적용되어 $0.5 \times 24 = 12$점이다.

④ 당해직급에 적용되는 것이므로 차장 직책인 자는 차장 직급의 근무경력으로만 근무평정이 이루어진다.

35. ①

매트릭스 조직은 구성원이 원래의 종적 계열에 소속됨과 동시에 횡적 계열이나 프로젝트 팀의 일원으로서 임무를 수행하는 형태이므로 이중적인 명령 체계를 가진다.

② 시장의 새로운 변화에 유연하게 대처할 수 있다.

③ 기능적 조직과 프로젝트 조직을 결합한 형태이다.

④ 단일 제품을 생산하는 조직에는 적합하지 않다.

36. ③

③ **기획부** : 경영계획 및 전략 수립, 전사기획업무 종합 및 조정, 중장기 사업계획의 종합 및 조정, 경영정보 조사 및 기획보고, 경영진단업무, 종합예산수립 및 실적관리

37. ①

② 일의 절차 처리의 흐름을 표현하기 위해 기호를 써서 도식화한 것
③ 업무를 세부적으로 나누고 각 활동별로 수행수준을 달성했는지를 확인하는 데 효과적
④ 업무수행 시 단계별로 업무를 시작해서 끝나는 데까지 걸리는 시간을 바 형식으로 표시하여 전체 일정 및 단계별로 소요되는 시간과 각 업무활동 사이의 관계를 볼 수 있는 업무수행 시트

38. ②

발신부서는 소프트웨어를 제작하는 팀이므로 연구개발팀이고, 발신부서는 수신부서에게 신제품 개발에 대한 대략적인 내용과 함께 영업 마케팅에 대한 당부를 하고 있으므로 수신부서는 영업팀이 가장 적절하다.

39. ③

제시된 글은 기획부의 업무에 해당한다.

※ 업무의 종류

- ㉠ **총무부** : 주주총회 및 이사회개최 관련 업무, 의전 및 비서업무, 집기비품 및 소모품의 구입과 관리, 사무실 임차 및 관리, 차량 및 통신시설의 운영, 국내외 출장 업무 협조, 복리후생 업무, 법률자문과 소송관리, 사내외 홍보 광고업무
- ㉡ **인사부** : 조직기구의 개편 및 조정, 업무분장 및 조정, 인력수급계획 및 관리, 직무 및 정원의 조정 종합, 노사관리, 평가관리, 상벌관리, 인사발령, 교육체계 수립 및 관리, 임금제도, 복리후생제도 및 지원업무, 복무관리, 퇴직관리
- ㉢ **기획부** : 경영계획 및 전략 수립, 전사기획업무 종합 및 조정, 중장기 사업계획의 종합 및 조정, 경영정보 조사 및 기획보고, 경영진단업무, 종합예산수립 및 실적관리, 단기사업계획 종합 및 조정, 사업계획, 손익추정, 실적관리 및 분석
- ㉣ **회계부** : 회계제도의 유지 및 관리, 재무상태 및 경영실적 보고, 결산 관련 업무, 재무제표 분석 및 보고, 법인세, 부가가치세, 국세 지방세 업무자문 및 지원, 보험가입 및 보상업무, 고정자산 관련 업무
- ㉤ **영업부** : 판매 계획, 판매예산의 편성, 시장조사, 광고 선전, 견적 및 계약, 제조지시서의 발행, 외상매출금의 청구 및 회수, 제품의 재고 조절, 거래처로부터의 불만처리, 제품의 애프터서비스, 판매원가 및 판매가격의 조사 검토

40. ②

㉠ 조직은 공식화 정도에 따라 공식조직과 비공식조직으로 구분할 수 있다. 영리성을 기준으로는 영리조직과 비영리조직으로 구분된다.

㉢ 공식조직 내에서 인간관계를 지향하면서 비공식조직이 새롭게 생성되기도 한다. 이는 자연스러운 인간관계에 의해 일체감을 느끼고 가치나 행동유형 등이 공유되어 공식조직의 기능을 보완해주기도 한다.

㉣ 기업과 같이 이윤을 목적으로 하는 조직을 영리조직이라 한다.

1	②	2	③	3	④	4	④	5	③	6	①	7	①	8	④	9	①	10	①
11	③	12	④	13	②	14	①	15	④	16	③	17	①	18	③	19	①	20	④
21	④	22	③	23	④	24	②	25	③	26	③	27	④	28	④	29	④	30	①
31	④	32	③	33	③	34	③	35	④	36	④	37	④	38	③	39	④	40	②

1. ②

첫 번째 문단에서는 아바이 마을에 대한 설명, 두 번째는 가자미인 자리고기에 대한 설명, 세 번째는 가자미를 이용해 만든 가자미식해에 대한 설명이다. 따라서 이 세 문단의 내용을 모두 담을 수 있는 제목으로는 ② 속초의 아바이 마을과 가자미식해가 적합하다.

2. ③

쌀의 탄생 배경과 널리 쓰이는 구분법에 의한 종류에 대해 언급하고 있는 글이므로 '쌀의 역사와 종류'를 제목으로 보는 것이 가장 적절하다.

3. ④

(다) 포인트 카드의 사용 사례를 보여주며 화제제시

(나) 문제제기

(가) 포인트 카드의 특성

(라) '바가지 가격'의 개념

(마) 포인트 카드에서 '바가지 가격'의 적용

4. ④

제시된 문장들의 내용을 종합하면 전체 글에서 주장하는 바는 '정당한 사적 소유의 생성'이라고 요약할 수 있다. 이를 위해 사적 소유의 정당성이 기회균등에서 출발한다는 점을 전제해야 하며 이것은 ㈐가 가장 먼저 위치해야 함을 암시한다. 다음으로 ㈎에서 재산의 신규취득 유형을 두 가지로 언급하고 있으며, 이 중 하나인 기소유물의 소유권에 대한 설명이 ㈑에서 이어지며, ㈑단락에 대한 추가 부연 설명이 ㈏에서 이어진다고 보는 것이 가장 타당한 문맥의 흐름이 된다.

5. ③

주어진 문장에 '이렇게 통제된 실험'이라는 문구를 통해 문장의 앞부분에 실험의 통제에 대해 나와야 함을 알 수 있다. 실험 대상자들이 실험 내용을 몰라야 한다는 통제에 대한 내용이 있는 ㈒에 들어가는 것이 가장 적절하다.

6. ①

① 마지막 문장에 '이들이 쓰다 남은 물자와 이용하지 못한 에너지는 고스란히 버려질 수밖에 없고 따라서 효율성이 극히 낮기 때문이다.'라고 제시되어 있으므로 몇몇 특별한 종들만이 득세하는 것이 그다지 바람직한 현상이 아니라고 하는 것이 가장 적절하다.

7. ①

많은 일자리를 만드는 것보다 양질의 일자리를 만드는 것이 중요하다는 내용이다.

8. ④

첫 번째 문단에서 '일정한 주제 의식이나 문제의식을 가지고 독서를 할 때 보다 창조적이고 주체적인 독서 행위가 성립될 것이다.'라고 언급하고 있다.

9. ①

두 번째 문단에서 '간단한 읽기, 쓰기와 셈하기 능력만 갖추고 있으면 얼마 전까지만 하더라도 문맹 상태를 벗어날 수 있었다.'고 언급하고 있다.

10. ①

제시된 글은 인공위성을 군사용 위성과 평화용 위성으로 나누어 각각에 포함되는 것이 무엇이 있는지 설명하고 있다.
② 시간의 흐름에 따른 독서 방식의 변화에 대해 설명하고 있다.
③ 연민이라는 것을 정의하기 위한 요소에 대해 설명하고 있다.
④ 직구와 역직구를 비교하여 설명하고 있다.

11. ③

제시된 조건을 정리하면 다음과 같다.
(민호) 〉 태민 〉 (민호) 〉 동진 〉 종현 〉 시원
따라서 시원이는 5명 중 꼴찌를 하였다.

12. ④

주어진 명제들의 대우 명제를 이용하여 삼단논법에 의한 새로운 참인 명제를 다음과 같이 도출할 수 있다.
– 두 번째 명제의 대우 명제: 홍차를 좋아하는 사람은 배가 아프다. → A
– 세 번째 명제의 대우 명제: 식욕이 좋지 않은 사람은 웃음이 많지 않다. → B
A + 첫 번째 명제 + B → 홍차를 좋아하는 사람은 웃음이 많지 않다.

13. ②

② 시제품 B는 C에 비해 독창성 점수가 2점 높지만 총점은 같다. 따라서 옳지 않은 발언이다.

14. ①

신용대출이므로 적용요율이 0.8% 적용된다.
500만원×0.8%×(100/365)=10,958원
원단위 절사하면 10,950원이다.

15. ④

첫 번째~세 번째 조건에 의해 수혁>준이>영주>민지 임을 알 수 있다.

네 번째~여섯 번째 조건에 의해 영희>해수>준이>나영 임을 알 수 있다.

④ 준이보다 성적이 높은 사람은 수혁, 영희, 해수이므로 준이는 4등 안에 들었다고 볼 수 있다.

16. ③

SWOT 분석에 의한 발전전략

㉠ SO전략 : 외부 환경의 기회를 활용하기 위해 강점을 사용하는 전략

㉡ ST전략 : 외부 환경의 위협을 회피하기 위해 강점을 사용하는 전략

㉢ WO전략 : 자신의 약점을 극복함으로써 외부 환경의 기회를 활용하는 전략

㉣ WT전략 : 외부 환경의 위협을 회피하고 자신의 약점을 최소화하는 전략

17. ①

결론이 참이 되기 위해서는 '안타를 많이 친 타자는 팀에 공헌도가 높다.' 또는 이의 대우인 '팀에 공헌도가 높지 않은 선수는 안타를 많이 치지 못한 타자이다.'가 답이 된다.

18. ③

5명이 말한 내용을 근거로 교통비의 순위를 적어 보면 '을 지역>병 지역>무 지역>갑 지역>정 지역'의 순이다. 순위가 가장 멀리 떨어진 을과 정의 대소 관계를 언급한 '무'의 말을 거짓이라고 가정해 보는 것이 빠른 문제풀이 방법이 될 수 있다. 다른 사람들은 모두 연이은 사람의 순위를 언급하고 있으므로 그들의 말이 거짓일 경우, 두 사람의 순위만 바뀌면 다른 모순점이 없게 되므로 거짓을 말하고 있어도 논리 관계에 모순을 일으키지 않게 되어 거짓인지 아닌지 확신할 수 없다. 그러나 '무'의 말이 거짓이라면 가장 큰 순위와 가장 작은 순위가 달라지기 때문에 나머지 중간에 있는 순위들 모두에 영향을 주어 '무'의 말은 거짓이 될 수 없다. 따라서 가장 큰 순위와 가장 작은 순위를 규정한 '무'의 말은 적어도 진실이라고 확신할 수 있다.

19. ①

㉢에 의해 유치원생들은 모두 금귤이나 라임 중 하나를 반드시 좋아하므로 ㉣㉤에 따라 유치원생은 모두 레몬이나 오렌지 중 하나를 반드시 좋아한다. 따라서 지민이가 귤과 자몽을 좋아하면 지민이는 귤과 레몬을 모두 좋아하거나, 오렌지와 자몽을 모두 좋아하게 되므로 지민이는 한라봉을 좋아한다는 결과를 도출해낼 수 있다.

20. ④

B의 진술이 거짓이라면 C와 D는 거짓말쟁이가 아니므로 진실을 말한 사람이 두 사람이 되므로 진실을 얘기하고 있는 사람이 한 명 뿐이라는 단서와 모순이 생기므로 B의 진술이 진실이다. B의 진술이 진실이고 모두의 진술이 거짓이므로 A의 거짓진술에 의해 B는 범인이 아니며, C의 거짓진술에 의해 A도 범인이 아니다. D의 거짓진술에 의해 범인은 D가 된다.

21. ④

주어진 조건을 보면 관리과와 재무과에는 반드시 각각 5급이 1명씩 배정되고, 총무과에는 6급 2명이 배정된다. 인원수를 따져보면 홍보과에는 5급을 배정할 수 없기 때문에 6급이 2명 배정된다. 6급 4명 중에 C와 D는 총무과에 배정되므로 홍보과에 배정되는 사람은 E와 F이다. 각 과별로 배정되는 사람을 정리하면 다음과 같다.

관리과	A
홍보과	E, F
재무과	B
총무과	C, D

22. ③

(개) : 7:20 + 15분 + 10분 + 6시간 + 10분 = 13:55
(내) : 7:25 + 30분 + 20분 + 5시간 30분 + 10분 = 13:55
(대) : 8:05 + 15분 + 5시간 25분 + 10분 = 13:55
(래) : 8:25 + 30분 + 5시간 + 10분 = 14:05
따라서 오후 2시(14:00) 전까지 도착할 수 있는 선택지는 (개), (내), (대) 3가지이며 이 중 비용이 가장 적게 들어가는 선택지는 (대)이다.

23. ④

자원관리 기본 과정 … 필요한 자원의 종류와 양 확인하기 → 이용 가능한 자원 수집하기 → 자원 활용 계획 세우기 → 계획대로 수행하기

24. ②

① 「그는 어떤 일이나 약속을 하더라도 그때그때 기분에 따라서 행동을 하지 결코 계획을 세워 행동한 적이 없다.」 → 비계획적 행동

③ 「진수는 평소 시간에 대해서 중요하게 생각한 적이 없다. '시간이란 누구에게나 무한하게 있는 것으로 사람들은 왜 그렇게 시간을 중요하게 생각하는지 모르겠다.'」 → 자원에 대한 인식 부재

④ 「약간의 노하우만 있으면 쉽고 빨리 할 수 있는 일들도 진수는 다른 사람들에 비해 어렵고 오랜 시간을 들여 행하는 편이다.」 → 노하우 부족

25. ③

김씨 : $(24 \times 5) - (6 \times 3) + (16 \times 10) - (4 \times 5) = 242$

이씨 : $(20 \times 5) - (10 \times 3) + (19 \times 10) - (1 \times 5) = 255$

정씨 : $(28 \times 5) - (2 \times 3) + (15 \times 10) - (5 \times 5) = 259$

26. ③

제시된 내용은 개인의 능력에 따라 보상이 주어지는 능력주의를 말한다.

27. ④

갑이 보유 현금으로 자동차 할부금을 상환하면, 감소하는 자산만큼 부채도 감소하므로 순자산은 변동이 없다.

28. ④

편익이 비용보다 클 때는 가로등 설치량을 늘려나가야 한다. 따라서 이 마을에서 가로등의 최적 설치량은 3개이며, 이때 마을 전체 가구가 누리는 총 만족감은 240만 원이다.

29. ④

④ ○○그룹에게 있어 A자원의 실익은 100만 원이고 B자원의 실익은 150만 원이므로 더 큰 실제의 이익을 주는 자원은 B자원이다.

30. ①

각 보호시설의 보조금 총액을 구하면 다음과 같다.

(단위 : 백만 원)

구분	운영비	사업비	종사자 장려수당	입소자 간식비	총액
A	320	80	200	7	607
B	240	60	100	8	408
C	$320 \times 0.8 = 256$	80	200	10	546
D	$400 \times 0.6 = 240$	80	200	12	532

따라서 지급받을 수 있는 보조금 총액이 큰 시설부터 작은 시설 순으로 나열하면 A − C − D − B이다.

31. ④

④ 김영태는 병가로 인한 휴직이므로 '기타'에 속해야 한다.

32. ③

③ 생일인 경우에는 상품권 5만원을 지원한다.

33. ③

집단의 유형

㉠ 공식적 집단 : 조직의 공식적인 목표를 위해 의식적으로 만든 집단

㉡ 비공식적 집단 : 조직구성원들의 요구에 따라 자발적으로 형성된 집단

※ TF(Task Force) … 프로젝트팀이라고도 하며, 전문가 간의 커뮤니케이션과 조정을 쉽게 하고, 밀접한 협동관계를 형성하여 직위의 권한보다도 능력이나 지식의 권한으로 행동하여 성과에 대한 책임도 명확하고 행동력도 가지고 있다. 일정한 성과가 달성되면 그 조직은 해산되고, 환경변화에 적응하기 위한 그 다음 과제를 위하여 새로운 TF가 편성되어 조직 전체가 환경변화에 대해 적응력 있는 동태적 조직의 성격을 가진다. TF는 시장이나 기술 등의 환경변화에 대해서 적응력을 갖는 조직형태일 뿐만 아니라, 새로운 과제에의 도전·책임감·달성감·단결심 등을 경험하는 기회를 구성원들에게 제공하고 구성원의 직무만족을 높이는 효과가 있다.

34. ③

라인 & 스태프형 물류조직은 직능형 조직의 결점을 보완하여 라인과 스태프의 기능을 나누어 세분화한 물류관리조직의 핵(核)이 되는 조직형태로, 작업 기능 및 지원기능으로 구분되어 있어 스태프가 라인을 지원하는 형태의 조직이다. 그렇기에 라인부문 (현장)의 물류업무 실시기능 및 스탭 부문 (관리)의 물류지원기능을 분리한 조직이다.

35. ④

출장을 위한 항공 일정 확인 및 확정 업무는 총무팀의 협조가 필요하며, 퇴직자의 퇴직금 정산 내역은 인사팀의 협조가 필요하다. 사업계획 관련 회의는 기획팀에서 주관하는 회의가 될 것이며, 전년도 실적 자료를 입수하는 것은 회계팀에 요청하거나 회계팀의 확인 작업을 거쳐야 공식적인 자료로 간주될 수 있을 것이다. 따라서 총무팀, 인사팀, 기획팀, 회계팀과의 업무 협조가 예상되는 상황이며, 외환팀과의 업무 협조는 '오늘' 예정되어 있다고 볼 수 없다.

36. ④

경조사비는 접대비에 해당하므로 접대비지출품의서나 지출결의서를 작성하고 30만 원을 초과하였으므로 결재권자는 대표이사에게 있다. 또한 누구에게도 전결되지 않았다.

37. ④

거래처 식대이므로 접대비지출품의서나 지출결의서를 작성하고 30만 원 이하이므로 최종 결재는 본부장이 한다. 본부장이 최종 결재를 하고 본부장 란에는 전결을 표시한다.

38. ③

사내외 교육은 교육훈련비 명목으로 기안서나 지출결의서를 작성해야 하며 기안서는 팀장이, 지출결의서는 대표이사가 결재를 한다.

39. ④

해외출장비는 교통비에 해당하며, 출장계획서의 경우 팀장, 출장비신청서의 경우 대표이사에게 결재권이 있다.

40. ②

법인카드를 사용하려고 하므로 법인카드신청서를 작성하고 그 금액이 300,000원이므로 50만 원 이하는 팀장에게 결재권이 있다.

1	③	2	①	3	④	4	③	5	②	6	③	7	②	8	③	9	②	10	②
11	②	12	②	13	①	14	②	15	③	16	④	17	①	18	③	19	③	20	③
21	④	22	②	23	②	24	①	25	①	26	④	27	④	28	①	29	②	30	③
31	③	32	②	33	③	34	③	35	②	36	③	37	①	38	④	39	④	40	②

1. ③

주어진 글에서는 하나의 지식이 탄생하여 다른 분야에 연쇄적인 영향을 미치게 되는 것을 뇌과학 분야의 사례를 통해 조명하고 있다. 이러한 모습은 학문이 그만큼 복잡하다거나, 서로 다른 학문들이 어떻게 상호 연관을 맺는지를 규명하는 것이 아니며, 지식이나 학문의 발전은 독립적인 것이 아닌 상호 의존성을 가지고 있다는 점을 강조하는 것이 글의 핵심 내용으로 가장 적절할 것이다.

2. ①

㈔ 갑인자의 소개와 주조 이유 → ㈏ 갑인자의 이명(異名) → ㈕ 갑인자의 모양이 해정하고 바른 이유 → ㈐ 경자자와 비교하여 개량·발전된 갑인자 → ㈎ 현재 전해지는 갑인자본의 특징 → ㈑ 우리나라 활자본의 백미가 된 갑인자

3. ④

㈑ 17세기 네덜란드의 그림 취향
㈏ 예시, 루뱅 보쟁의 〈체스 판이 있는 정물 – 오감〉
㈎ 〈체스 판이 있는 정물 – 오감〉에 그려진 사물들의 의미
㈐ 다른 작품들로부터 찾을 수 있는 〈체스 판이 있는 정물 – 오감〉의 의미

4. ③

주어진 문장의 '이것'은 ㈐ 앞의 문장의 '동양의 학문에서는 당위성과 사실성이 하나의 체계 속에 자연스럽게 서로 연결되고 있음'을 의미한다.

5. ②

'워프(Whorf) 역시 사피어와 같은 관점에서 언어가 우리의 행동과 사고의 양식을 주조(鑄造)한다고 주장한다'라는 문장을 통해 빈칸에도 워프가 사피어와 같은 주장을 하는 내용이 나와야 자연스럽다.

6. ③

다섯 번째 문장 "말은 못하지만 고양이만큼 주인 마음에 민감한 동물도 없다."를 통해 고양이가 오랫동안 인간의 친구가 될 수 있었던 것은 '감정의 이해가 아주 빠르기' 때문이라는 것을 유추할 수 있다.

7. ②

앨런 튜링은 세계 최초의 머신러닝 발명품을 고안해낸 것이 아니며, 머신러닝을 하는 체스 기계를 생각하고 있었다고만 언급되어 있으며, 이것을 현실화한 것이 알파고이다.
① 앨런 튜링의 인공지능에 대한 고안 자체는 컴퓨터 등장 이전에 '튜링 머신'을 통해 이루어졌다.
③ 알파고는 컴퓨터들과 달이 입력된 알고리즘을 기반으로 스스로 학습하는 지능을 지녔다.
④ 알파고 이전에도 바둑이나 체스를 두는 컴퓨터가 존재했었다.

8. ③

두 번째 문단 후반부에서 내적 형상이 물체에 옮겨진 형상과 동일한 것은 아니라고 하면서, '돌이 조각술에 굴복하는 정도'에 응해서 내적 형상이 내재한다고 하였다.
① 두 번째 문단 첫 문장에서 '형상'이 질료 속에 있는 것이 아니라, 장인의 안에 존재하던 것임을 알 수 있다.
② 첫 번째 문단 마지막 문장에서 질료 자체에는 질서가 없다고 했으므로, 지문의 '질료 자체의 질서와 아름다움'이라는 표현이 잘못되었다.

④ 마지막 문장에 의하면, 장인에 의해 구현된 '내적 형상'을 감상자가 복원함으로써 아름다움을 느낄 있다고 하였다. 자연 그대로의 돌덩어리에서는 복원할 '내적 형상'이 있다고 할 수 없다.

9. ②

윗글은 한국인들의 여가를 즐길 줄 모르는 문화를 지적하며, 여가문화를 올바르게 누릴 수 있는 방안을 제시하고 있다. 따라서 서구 사회에서 이미 학문화되어 있는 여가학에 보다 많은 관심을 가져 진정한 의미의 여가를 즐길 수 있어야 한다는 것이 글에서 이야기하는 궁극적인 목적이라고 할 수 있다.

10. ②

필자는 여가를 잘 보내기 위해서는 사소하고 작은 일에도 재미를 느낄 수 있어야 한다고 주장하고 있으나, 이것은 여가를 특별하지 않은 일로 구성해야 한다고 주장하는 것은 아니다. 특별한 일을 해야만 한다는 관념을 버리고 의미 있는 일을 찾아 행하는 것이 진정한 여가라는 것이므로, 각자의 환경과 특성에 맞고 재미를 찾을 수 있는 활동이 여가의 핵심이라고 주장하는 것이다.

11. ②

㉠ : 태풍경보 표를 보면 알 수 있다. 비가 270mm이고 풍속 26m/s에 해당하는 경우는 태풍경보 2급이다.
㉡ : 6시간 강우량이 130mm 이상 예상되므로 호우경보에 해당하며 산지의 경우 순간풍속 28m/s 이상이 예상되므로 강풍주의보에 해당한다.

12. ②

일식이의 말과 이식이의 말은 모순이 생긴다. 따라서 둘 중에 하나는 거짓말을 하고 있다.
㉠ 일식이가 참인 경우 마피아는 이식이가 되며, 두명이 참을 말하고 있으므로 조건에 부합하지 않는다.

일식	참
이식	거짓
삼식	참
사식	거짓
오식	거짓

ⓛ 이식이가 참인 경우 마피아는 삼식이가 되며 조건에 부합한다.

일식	거짓
이식	참
삼식	거짓
사식	거짓
오식	거짓

13. ①

제시된 조건에 따르면 B−C−E−A−D 순으로 앉아 있다.

14. ②

①④ 보이는 문제

③ 미래 문제

※ 문제의 유형

  ㉠ **보이는 문제**(발생형) : 눈앞에 발생되어 당장에 해결해야 하는 문제이다. 이미 발생한 문제로 원상복귀가 필요하다.

  ㉡ **찾는 문제**(탐색형) : 현재의 상황을 개선하거나 효율을 높이기 위한 문제이다. 찾는 문제를 방치할 경우 뒤에 큰 손실이 따르거나 해결할 수 없는 문제로 나타나게 된다.

  ㉢ **미래 문제**(설정형) : 미래 상황에 대응하는 장래의 경영전략의 문제이다. 달성해야 할 미래의 목표를 설정함에 따라 나타나는 문제로 목표 지향적이다.

15. ③

AB / C / D / E / 비어있음 또는 AB / CE / D / 비어있음 / 비어있음
두 가지 경우가 가능하다.

16. ④

④ 'A사의 3G는 와이파이보다 빠르다.'라는 명제를 통해 알 수 있다.

17. ①

결론이 긍정이므로 전제 2개가 모두 긍정이어야 한다. 따라서 ①이 적절하다.

18. ③

- A가 살인자일 경우→C, D 두 명이 진실이므로 모순
- B가 살인자일 경우→A, C, D 모두 진실이므로 모순
- D가 살인자일 경우→B, C 두 명이 진실이므로 모순
- C가 살인자일 경우→D만 진실이고 나머지는 다 거짓이 됨

∴ C가 살인자이다.

19. ③

가장 확실한 조건(B는 204호, F는 203호)을 바탕으로 조건들을 채워나가면 다음과 같다.

a라인	201 H	202 A	203 F	204 B	205 빈 방
복도					
b라인	210 G	209 C	208 빈 방	207 E	206 D

∴ D의 방은 206호이다.

20. ③

주어진 결과로는 한 라운드에 공을 던진 횟수가 3회인 참가자가 3회 차에 공을 넣는데 성공했는지 못했는지 알 수 없으므로 각 참가자가 받을 수 있는 점수는 다음과 같다.

참가자	점수	성공여부
A	2	1, 2라운드 모두 공을 넣지 못한 경우
	4	1, 2라운드 중 한 번만 공을 넣은 경우
	6	1, 2라운드 모두 공을 넣은 경우
B	6	2라운드에 공을 넣지 못한 경우
	8	2라운드에 공을 넣은 경우
C	9	–
D	5	1라운드에 공을 넣지 못한 경우
	7	1라운드에 공을 넣은 경우

① B가 2라운드에서 공을 넣지 못하고, D가 1라운드에서 공을 넣었다면 준우승은 D이다.
② D가 1라운드에서 공을 넣지 못했다고 하더라도 A가 공을 넣지 못한 라운드가 한 번 이상이라면 4등이 아닐 수 있다.
③ A와 B가 같은 점수를 받는다면 1라운드 점수가 더 좋은 B가 더 높은 순위를 얻는다.
④ C는 다른 팀의 점수와 상관없이 우승이다.
⑤ 주어진 결과로는 A와 D가 1라운드에서 공을 넣었는지의 여부는 알 수 없다.

21. ④

②③은 사무부가 영상부에 대한 조사보다 나중에 시작될 수 없다는 조건과 모순된다. ①은 영업부에 대한 조사가 홍보부 또는 전산부 중 적어도 어느 한 부서에 대한 조사보다는 먼저 시작되어야 한다는 조건에 모순된다. 따라서 가능한 답은 ④이다.

22. ②

① **품목별 예산제도** : 지출대상을 품목별로 분류해 그 지출대상과 한계를 명확히 규정하는 통제지향적 예산제도
③ **영기준예산제도** : 모든 예산항목에 대해 전년도 예산을 기준으로 잠정적인 예산을 책정하지 않고 모든 사업계획과 활동에 대해 법정경비 부분을 제외하고 영 기준(zero-base)을 적용하여 과거의 실적이나 효과, 정책의 우선순위를 엄격히 심사해 편성한 예산제도
④ **성과주의예산제도** : 예산을 기능별, 사업계획별, 활동별로 분류하여 예산의 지출과 성과의 관계를 명백히 하기 위한 예산제도

23. ②

물적 자원 활용의 방해요인으로는 물품의 보관 장소를 파악하지 못한 경우, 물품이 훼손 및 파손된 경우, 물품을 분실한 경우로 나눌 수 있다. 해당 사례는 물품의 보관 장소를 파악하지 못한 경우와 물품이 훼손 및 파손된 경우에 속한다.

24. ①

① 도보로 버스정류장까지 이동해서 버스를 타고 가게 되면 도보(30분), 버스(50분), 도보(5분)으로 1시간 25분이 걸리지만 버스가 정체될 수 있으므로 1시간 45분으로 계산하는 것이 바람직하다. 민기씨는 1시 30분에 출발할 수 있으므로 3시 15분에 도착하게 되고 입장은 할 수 있으나 늦는다.

※ 소요시간 계산
  ㉠ **도보-버스** : 도보(30분), 버스(50분), 도보(5분)이므로 총 1시간 25분(정체 시 1시간 45분) 걸린다.
  ㉡ **도보-지하철** : 도보(20분), 지하철(1시간), 도보(10분)이므로 총 1시간 30분 걸린다.
  ㉢ **택시-버스** : 택시(10분), 버스(50분), 도보(5분)이므로 총 1시간 5분(정체 시 1시간 25분) 걸린다.
  ㉣ **택시-지하철** : 택시(5분), 지하철(1시간), 도보(10분)이므로 총 1시간 15분 걸린다.

25. ①

관광지	일정	1명의 하루 평균 가격
가	5일	$599,000 \div 5 = 119,800$
나	6일	$799,000 \div 6 = 133,166$
다	8일	$999,000 \div 8 = 124,875$ $124,875 \times 0.8 = 99,900$ $\{(99,900 \times 6) + 124,875 \times 2\} \div 8 = 106,143$
라	10일	$1,999,000 \div 10 = 199,900$ $199,900 \times 0.5 = 99,950$ $\{(99,950 \times 8) + 199,900 \times 2\} \div 10 = 119,940$

26. ④

• 일반버스 1인당 순이익 : 633.95375원
• 굴절버스 1인당 순이익 : 610.154원
• 저상버스 1인당 순이익 : 601.32원

27. ④

K씨를 보면 적은 월급이라고 투덜대지만 인스턴트 음식을 줄이면 해결되고, 출근시간이 **빠르다**고 투덜대는 것은 잠을 일찍 자면 되는 것이다. K씨는 시간과 돈을 낭비하고 있는 것이다.

28. ①

파주 : $50+50+80=180$

인천 : $50+100+70=220$

철원 : $80+70+100=250$

구리 : $70+70+50=190$

29. ②

파주 : $(50\times800)+(50\times300)+(80\times400)=40,000+15,000+32,000=87,000$

인천 : $(50\times500)+(100\times400)+(70\times300)=25,000+40,000+21,000=86,000$

철원 : $(80\times500)+(100\times800)+(70\times300)=40,000+80,000+21,000=141,000$

구리 : $(50\times500)+(70\times800)+(70\times400)=25,000+56,000+28,000=109,000$

30. ③

비용

㉠ **직접비용** : 재료비, 원료와 장비, 시설비, 여행(출장) 및 잡비, 인건비 등

㉡ **간접비용** : 보험료, 건물관리비, 광고비, 통신비, 사무비품비, 각종 공과금 등

31. ③

자원보전이사는 경영기획이사보다 1개의 실을 덜 이끌고 있다.

32. ②

SO전략 : 외국 기업에 입사

WO전략 : 비명문대 출신도 능력만 있으면 대우해주는 대기업에 입사

WT전략 : 대학원은 명문대에 장학생으로 진학 후 2년 후 국내경기 활성화되면 취업

33. ③

①③ 업체 간의 업무 제휴라는 기회를 통해 약점을 극복한 WO전략에 해당한다.

② IT기술과 전자상거래 기술 발달이라는 기회를 통해 약점을 극복한 WO전략에 해당한다.

④ 강점을 이용하여 위협을 회피하는 ST전력에 해당한다.

34. ③

③ 서버 부족이라는 약점을 극복하여 사용이 증대되고 있는 스마트폰 시장에서 이용자를 유치하는 WO전략에 해당한다.

35. ②

② 조직변화 중 전략이나 구조의 변화는 조직의 구조나 경영방식을 개선하기도 한다.

36. ③

제시문은 기업 인수와 합병 즉, M&A의 의미와 기업에게 주는 의미를 간략하게 설명하는 글이다. 기업 입장에서 M&A는 기업의 외적 성장을 위한 발전전략으로 이해된다. 따라서 M&A는 외부적인 경영자원을 활용하여 기업의 성장을 도모하는 가장 적절한 방안으로 볼 수 있는 것이다. '인수'는 상대 기업을 인수받아 인수하는 기업의 일부로 예속하게 되는 것이며, '합병'은 두 기업을 하나로 합친다는 의미를 갖는다. 두 가지 모두 기업 경영권의 변화가 있는 것으로, 제휴나 합작 등과는 다른 개념이다.

37. ①

② 진단 ③ 탐색 ④ 설계

※ 의사결정의 과정

  ㉠ 확인 단계

    • 문제인식 : 의사결정이 필요한 문제를 인식한다. 이는 외부 환경이 변화하거나 내부에서 문제가 발생했을 때에 발생한다.

    • 진단 : 문제를 인식하면 이를 구체화하기 위하여 정보를 얻는 단계이다. 진단단계는 문제의 심각성에 따라서 체계적으로 이루어지기도 하며, 비공식적으로 이루어지기도 한다. 또한 문제를 신속히 해결할 필요가 있는 경우에는 진단시간을 줄이고 즉각적인 대응이 필요하다.

  ㉡ 개발 단계

    • 탐색 : 먼저 조직 내의 기존 해결 방법 중에서 새로운 문제의 해결 방법을 찾는 과정. 이는 조직 내 관련자와의 대화나 공식적인 문서 등을 참고하여 이루어질 수 있다.

    • 설계 : 이전에 없었던 새로운 문제의 경우 이에 대한 해결안을 설계해야 한다. 이 경우에는 의사결정자들이 모호한 해결방법만을 가지고 있기 때문에 다양한 의사결정 기법을 통하여 시행착오적 과정을 거치면서 적합한 해결방법을 찾아나간다.

ⓒ 선택단계
- 선택 : 해결방안을 마련하면 실행가능한 해결안을 선택한다. 선택을 위한 방법은 3가지로 이루어질 수 있다. 이는 한 사람의 의사결정권자의 판단에 의한 선택, 경영과학 기법과 같은 분석에 의한 선택, 이해관계 집단의 토의와 교섭에 의한 선택이 있다.
- 승인 : 조직 내에서 공식적인 승인절차를 거친 후 실행된다.

38. ④

업무 방해요소
ⓐ 다른 사람의 방문, 인터넷, 전화, 메신저 등
ⓑ 갈등관리
ⓒ 스트레스

39. ④

회사 전화를 내 핸드폰으로 받는 기능은 팀장급 이상의 자리에 있는 대표 전화기로만 가능하기 때문에 신입사원에게 교육하지 않아도 되는 항목이다.

40. ②

전화를 당겨 받는 경우에는 *(별표)를 두 번 누른다.

상식
용어사전
시리즈
합격GO!

1 금융상식 2주 만에 완성하기

금융은행권, 단기간 공략으로 끝장낸다! 필기 걱정은 이제 NO! <금융상식 2주 만에 완성하기> 한 권으로 시간은 아끼고 학습효율은 높이자!

2 중요한 용어만 한눈에 보는 시사용어사전 1130

매일 접하는 각종 기사와 정보 속에서 현대인이 놓치기 쉬운, 그러나 꼭 알아야 할 최신 시사상식을 쏙쏙 뽑아 이해하기 쉽도록 정리했다!

3 중요한 용어만 한눈에 보는 경제용어사전 961

주요 경제용어는 거의 다 실었다! 경제가 쉬워지는 책, 경제용어사전!

4 중요한 용어만 한눈에 보는 부동산용어사전 1273

부동산에 대한 이해를 높이고 부동산의 개발과 활용, 투자 및 부동산 용어 학습에도 적극적으로 이용할 수 있는 부동산용어사전!

자격증 기출문제 총집합!

자격증 별로 정리된
기출문제로 깔끔하게 합격하자!

기출문제로 자격증 시험 준비하자!

건강운동관리사, 스포츠지도사, 손해사정사, 손해평가사,
농산물품질관리사, 수산물품질관리사, 관광통역안내사, 국내여행안내사, 보세사, 사회조사분석사